资本主义文明的衰亡

The Decay Of Capitalist Civilization

[英] 锡德尼·维伯　比阿特里斯·维伯　著
秋水　译

上海人民出版社

出版者的话

维伯是英国社会活动家和政论家，费边社会主义的倡导人之一，也是20世纪30年代英国工党两次执政时的重要人物。曾广泛研究英国劳工问题，被称为工联主义理论家。主要著作有《英国社会主义》、《产业民主》等。本书是作者与其夫人比阿特里斯·维伯合著的。

作者从资本主义社会中工资劳动者的贫困、社会各阶层收入的不平等、个人自由的悬殊，以及资本主义制度下道德与社会风气的败坏和战争的破坏等方面，分析批判了资本主义制度所带来的罪恶。但是，作者在批判资本主义的罪恶时，不能触动这一制度的本质，只是主张用渐进的方式实行社会改革，实现土地和产业资本国有或市有，对英国工党政策有很大影响。

本书是作者很有影响的代表作之一。我社曾于1958年、2001年、2005年翻译出版。现重新出版单行本，以飨广大读者。

序

关于这本小书，我们可以预先排除一种显明的批评，说它不是“建设性”的。它的目的，本来就不是提供一个建设的规划。关于这种规划的详细情形，读者可参阅本书后面广告所列各书，特别是《大不列颠社会主义共和国宪章》和从另一个方面来立论的《穷困的防止》；或者，参阅以政治纲领的形式提出的英国工党小册子《工党和新社会秩序》（伦敦爱克莱斯吞广场33号出售，每本3便士）。

本书承许多朋友惠予帮助，我们在这里谨志谢忱。他们的姓名都没有提出，并希见谅。但我们不得不向我们的老朋友和老同志萧伯纳先生，表示最衷心的谢意，他曾在普选当中当我们忙于别的事情的时候，慈惠地担任了本书的校订工作。

1923年1月于威斯敏斯特

葛罗斯芬诺路41号

目录

导 论

每一代的人们，都有这样一个幻觉，以为他们生活在其中的社会制度，在某些特殊意义上，都是“自然的”，不变的和固定的。可是，多少千年以来，社会制度一直是连续地兴起、发展、衰亡并逐渐地被更适合于当时需要的其他制度取而代之。这本书指明，我们这些自认为最文明先进的国家，也同我们的前人一样，必须经历这种无穷变化的过程。正像古代苏莫尔人的、埃及的、希腊的、罗马的以及中世纪基督教的文明已经消逝一样，我们现在的资本主义文明（它和过去的文明一样是会死亡的），正在我们的眼前崩溃；这种崩溃，不只是在圣保罗大教堂的道督所解析的、战争所带给我们并可以用真正的和平来挽救的“腐蚀性的崩溃”中进行着；并且是在战争虽可加速、我们或任何东西却不能阻挡的时代逐渐变迁中进行着。现在的问题不是我们现今的文明是否会变迁，而是它将发生怎样的变迁。它可以通过深思熟虑的适应过程，逐渐地、和平地过渡到一种新的形式。或者，假使是由愤怒的反抗来代替这种适应的话，它可以整个垮台，使人类从社会紊乱和骚动时期的更低的水平上，来痛苦地建立新的文明，而在这种社会紊乱和骚动中，不只是旧秩序的弊病，而且连同它的物质的、知识的和道德的成就，都将丧失殆尽。

不幸的是，那些承认变化是无可避免的这种一般命题的人们，却不能了解什么是这种变化的规律所适用的社会制度。对他们来说，财产私有制是一切可能有的文明的基础，意思就是说，它与人类天性是那样密切地联系着，以致只要人还是人，它便与地球绕其轴心转动一样，是不会腐朽或被别的东西所代替的。可是，他们把位置弄错了。我们的资本主义制度的基础，并不是个人财产的获得承认或获得保障，而是社会赖以生存的生产资料的私人所有制。

我们现在不妨冒着卖弄学问的嫌疑，把我们的意思，作出一个定义。我们所谓资本主义或资本主义制度，或者我们所乐于称道的资本主义文明，意思是指工业制度和法律制度发展中的一个特殊阶段，在这个阶段里，广大的工人群众被彻底剥夺了生产工具的所有权，以致沦于工资劳动者的地位，他们的生存、安全和个人自由，好像都取决于在国内占相当小的比例的一部分人的意志；这种少数人就是那些以谋取他们自己个人的私利为目的，占有并通过合法占有来管理社会中土地、机器和劳动力的组织的人们。

土地和其他生产财富的工具，变成了人数相当少的一个阶级的私有财产，并且这种占有所带来的公共责任，并不比一只表或一根手杖的占有所带来的为多；这种私有制构成了社会中其他的人们赖以谋生的那种局面的基础；而且，这种私有制又带来了对于作为国家命脉的商品及服务的生产和分配的管理权和组织权——这就是资本主义的意义——这种惊人的局面，远不是人类的历史上万古长存和遍地皆有的，它之成为美国文明的特征，只是最近三、四个世纪的事；而在欧洲，也只是最近几个世纪的事，在这个时期，由于乡村中土地租佃和农业方面的封建制度的逐渐没落，以及城市里工商业行会组织的重要性相对地降低，以致遗留下来的基地，被商业的冒险漫无约束地窃据了。我们知道，欧洲在封建制度和手工业行会兴起以前，它的文明，是建筑在奴隶制或农奴制、家长制或等级制度等不同形式上面的。这些制度，在那时，好像是在人类天性里生了根似的，也好像和现在的资本主义一样，是不变的。再者，它们都维持了好几个世纪之久，并且被设想出来和被纳入国家和教会的组织中作为社会中的神圣制度，在这个制度中，从皇帝和教皇一直到农奴和奴隶，每个人在利用他的谋生机会的时候，都对上帝负责。在英国，商业的窃据，虽然在亨利七世时就开始了，但只是到乔治三世称帝的时候，才强大起来；一直没有在政治上和宗教上当作像过去持久的制度那样加以承认和组织起来。想出它来的那些圣贤们，也像政治经济学家一样，宣称它是与教会无关的，并且立法者也可以不管它：它的活动是不受宗教信仰和法律所制约的。它在这些毫无隐讳的海盗式的措辞下，来保障人民的生计，但这种活动并不是它的目的，而只是它忠于迅速发财致富的原则的偶然结果。它要求人们容忍它存在的唯一理由，是它在达到这个主要目的上获得了成功。

本书的论旨，认为这种商业的窃据，虽然从来没有完全达到它的主要目的，并且在许多地方，由于各种粗暴的情况，还违反了这个目的，可是，确实有一个时期，大约是在19世纪的中叶，那时可以说它在过去100年当中总结起来确为业已大大增加了的人口带来了物质文明的惊人进步。但是我们必须补充说，从那时起，直到现在，它就一直是一个败仗接着一个败仗地在后退，把它打击得越来越绝望的，就是它亲自建立起来的文明和培养起来的生产力所产生的社会问题。简单地说，它未到成熟就已衰亡了，在历史的记录上，资本主义将不会被认为是一个划时代的纪元，而只是当作一个插曲，并且大体上，还是两个时代中间的一个悲惨的插曲，或黑暗时代。由于没有一位个别占有者承认自己是一个独裁者，我们根据即将说明的理由，必须补充说，这种独裁是阶级的独裁，在为私人利润服务的占有制面前，个别资本家也像工资劳动者本身一样，是束手无策的。他对于竞争的资本主义力量的控制，归根到底，并不比水手控制风力做得更好些。但是，由于这种制度使得每一个占有者都成为了特权阶级的一个成员，并且由于这个阶级一旦放弃了它的特权之后，更有利的局面就会起而代之，所以，要这个阶级的各个和每个成员对这些特权所产生的后果负责，并不是完全不公道的。

全世界的工人运动和社会主义运动，主要地就是反对资本主义社会制度的一种革命。

我们相信，现在最先进的民族，无论在知识上、品格上和智力上都已成熟，足以废除这种社会关系，以工业的民主来代替工业的寡头统治，以替大众服务的动机来代替金钱私利的动机。我们认识到，我们曾经有过，而且在世界上大部分的地区现在还有着其他的独裁，比起骑在工资劳动者的头上占有生产工具的独裁来，其动机还要恶毒，其后果带来还要大的灾害。这就是奴隶主对奴隶、征服者对被征服民族、专制帝王或寡头统治对全体人民的压迫；这些压迫是建立在一个人或人数有限的贵族阶级或其他只占少数的民族、阶级或信仰对于政治权力的垄断上面的。贯穿在这些压迫制度之中时起时伏的，是家庭中男人对女人、父母对子女的专制。这些单独的、互不相同的人压迫人的形式，每一种都体现在特殊的经济、政治或社会的法律和惯例当中；在以男子为中心的每一个民族中，都激起过革命运动和改良运动，以纠正它的缺点。社会主义者，只要他们是忠实于社会主义所根据的民主主义的，都同情这些运动，并亟愿赞助它们。他们了解到，在社会正常发展的过程中，废除把人当作动产的奴隶制，政治民主的建立，以及妇女的解放，都必须在任何工业民主普遍实施之前实现。这一个或那一个比较显著的独裁的存在，掩盖了生产工具所有者对于那些依靠使用这些工具来谋生的人们的独裁，因而必然也转移了对资本主义特有的罪恶的注意。但社会主义者的主要目标，是集中注意来面对目前甚至在最先进的民主国家里都存在的一种特殊的专制，即比较小的富人阶级对广大穷人群众的专制。

社会主义者控诉工业资本主义制度及以它作为基础的社会，共有四大理由：第一，历史证明，国家的贫困，虽然可能有其他一些原因，但在任何时候和任何地方，大部分的人民一旦被剥夺了生产工具的所有权，那么，即使生产总量相当巨大，广大的人民群众仍然是生活在贫困之中，并且他们中间的大多数将是永远受着饥饿的威胁。第二，在与有产阶级的享受和奢靡以及那个阶级里一些人们无耻的游手好闲相对照，这种贫困和它带来的风险，就更令人感到憎恨和侮辱。但资本主义的最恶劣的情形，还不是工资劳动者的穷困，也不是财产所有者的奢靡，而是，第三，在无产者和“靠占有权过活”的人们中间，存在着个人自由方面的显然的不平等。每天或每周靠接近生产工具以维持全家生活的、占全国人口三分之二的人民，一点钟又一点钟，一天又一天，一年又一年，逐渐发现他们竟在那些占有这种工具的、人数相当有限的阶级的命令之下工作。而这些命令的制裁，并不是法律上的处罚，乃是所谓自由抉择的结局——饿死。这就是工资劳动者所申诉的“工资奴隶”的意义。第四，社会主义者深信，资本主义制度，作为组织商品与服务的生产和分配的一种方法来说，在科学上是站不住的，并且是和人类的精神发展根本不相容的。

我们将在下面，把这显明的四害，即社会主义者所深信的资本主义社会组织先天具有而又可加以证明的四害，相继地加以研究。其中三种将首先论及：穷人的贫困、收入的不平等和个人自由的悬殊，这三种祸害都经常地与人民群众被剥夺了生产工具所有权的事实，具有密切的关系。在这以后，我们将要指明，资本主义制度，在增加国家的财富方面，虽然有过初期的成功，但结局还是失败，就是在提高商品与服务的生产量到最大的程度这一点上，也是这样；因此，它不只是违反了它自己所抱的目的，并且，由于它完全倚仗着占有者个人金钱掠取的动机，变成了国民道德和国际和平的敌人，并且事实上也成了文明本身的敌人。

第一章

穷人的贫困

资本主义的社会组织突出的和完全出于意料的结果是，在国内产生了普遍的贫困。整整一个世纪以来的经验，在欧洲和美洲最先进的文明里，都同样地显露了这个事实，就是：普遍的贫困，这是由于广大人民群众被剥夺了生产工具所有权以及这种所有权到处集中在相当小的有产阶级手中的结果，或者至少是它们带来的一般副产品。这当然不是说，很低的生活水平和迫切的饥饿的灾难，是资本主义特有的现象。在生产工具公有的或生产工具较普遍地分配在那些赖以谋生的人们手里的、更原始的社会里，经常的贫困和周期性的饥荒，也是常有的事。不过，在这些落后的社会里，生活的艰困和风险，还可以归咎于人们控制自然界的能力的不足，如旱灾、水灾及疾病等；或归咎于天然物资的缺乏，如肥沃土地及矿产的缺乏，或气候的恶劣等；或者归咎于应用科学的不发达，以致人们不能有效地利用现有的资源。但资本主义的工业组织却把我们弄糊涂了。这种组织发展得最完备的国家，都享有丰富的天然物资，并大大地利用科学来使它们为人类服务。就这些国家整个来看，这样生产的综合财富，是相当巨大的。可是，虽然有了这些有利条件，人民的物质状况，总的说来，却很少得到改善；有的时候，在无所约束的资本主义之下，实际上还要更坏。我们有理由认为：自耕农和自己当家作主的手工业师傅的时代的英国，虽然存在着各种匮乏和有各种缺点，比起生产工具所有者和组织者的“自由企业”发展到最高峰的、19 世纪上半期的英国来，为实际的多数人民供给了更多的食物，更有用的衣服，更多的光，更清洁的空气，更愉快的环境，并且，事实上甚至供给了更大程度的个人自由。

一、工业革命的结果

这种越来越坏的情况的悲惨过程，在关于工业革命的一切记载中，都有所描述，在这个时候，资本家作为土地、机器和人的劳动力的无限制的剥削者，称王称霸，同时又给普通人民带来了比任何战争所带来的还要惊人的长期痛苦。仅就英国来说，在现在的一代里，关于1760年到1850年间情况的叙述，已成了历史课本中索然乏味、令人生厌的教材，这不只是工人学习班的历史课本如此，甚至女子中学的历史课本也是这样。但是，假使我们了解了当时的情况，那么，在写到它的时候，就很难不动感情了。幼童在纱厂里轮班地遭受摧残；男人和女人，男孩和女孩，在矿井里和铁厂里，被乱七八糟的劳役削弱着和摧残着；多少家庭，由于很不适宜地住在拥挤不堪的贫民窟里而沦于堕落；经常反复到来的就业不足和失业，以及随之而来的饥饿和死亡；食品掺杂，空气染毒，饮水玷污，日日夜夜见到的、听到的，都令人憎恶；这一切都是在19世纪初期的工业英国司空见惯的事情，而一再发现这种情况的，不是多愁善感的慈善家和黄色报纸的新闻记者，而是部会的视察员和议会的调查团。常被人们遗忘的是，类似这样的祸害，在今天欧美各大城市贫民窟的工业人口中，基本上还继续存在着，而其范围则肯定地大大超过了1800年到1840年间在同样条件下所发生的。

再者，随着资本主义制度而来的肉体的痛苦、事故和疾病，还不是它的最大祸害。"穷人的毁灭就是他们的贫困"这句话并不只是指物质方面而言。对于冰地上的英雄豪杰，或沙漠里的圣徒，生活条件的缺乏以及极度的艰难困苦，还可以借精神方面的兴奋、个性方面的发展和个人主动性与进取心的不断发挥，来得到调剂。对于古代社会里的自耕农和自己当家作主的手工业师傅，洪水、旱灾、瘟疫、畜疫或虫害，虽然可以产生浩劫或饥荒，也还可以产生友爱和鼓舞生活精神。可是，现代的工业制度，却一代又一代地摧毁着那些在这个制度下的受害者的人们的灵魂。现在有一种道德方面的毒气，其能致人于死命不亚于物质上的毒气。就在我们的这个日子里，欧美大城市贫民窟里的居民（他们的人数在一代一代地增加），不管他们愿意与否，都不得不葬身在那鄙街陋巷的丑恶、秽浊和紊乱之中。他们从婴儿时代起，就呼吸着酗酒的和色情的、偷盗的和欺诈的空气——虽然，可能偶然有个别道德超群的人，忧伤而又不沾染毒素地生活着，可是一般的人，在思想和肉体方面都是中了毒的。因此，社会主义者所抗议的贫乏，是品格的堕落，精神的败坏，人类个性本身的毁灭。

二、这些祸害不是有意带来的

在本章开始的一句话里，我们提到资本主义的那些惊人的结果，都是出乎意料的。事实上，它们是太坏了，坏到在任何文明的阶段里都不可能由人们有意地把它们带来的；更不可能在富于人道主义和自由主义情绪、富于智力发展的热望的时代，如像从伏尔泰和卢梭到雪莱和柯布登的事业所标志的那个时代，有意地把它们带来的。正如易卜生戏剧里的法官所说的："这样的事情不是人干的。"可是，这样的事情，居然做出来了，并且还继续在做着，这可由一个事实得到解释：资本主义最初的效果，还能和某些自然的结果相符合，还带有一点正义与合理的气氛，还能适合于人类尚没有受过教训的道德感，并且伴之而来的是对于企业的约束〔指封建制度对于企业的约束——译者注〕的崩溃——这种崩溃只有有经验的政治家才能了解其合理性。

假使有甲乙两人，在其他条件相等之下，甲变成了穷人，乙变成了富翁，我们的正义感就会吃惊，我们的怜悯心和义愤就会被激发出来。可是，假使在两人收入方面互相调换了位置，甲和他的家庭变得令人退避地肮脏、酒醉和愚钝，而乙却变得衣装整齐，并且邀请我们享受由他的衣服华丽的夫人和小姐们所主持的愉快招待；假使产生这种情况的原因，是明显地和直接地由于甲的生活超过收入过分挥霍，而乙则每年从事积蓄，那么，1 000人之中，就有999个人认为：这种恶果和酬报，具有诗意的公正；甲的穷困是咎由自取的，这穷困是对于他的罪恶的应得的社会合理制裁；任何人都能够像乙一样地得到兴旺，假使他们决心效法他的话。此外，假使乙推翻了一种很明显的封建专制，并为所有像他这样的人们，争取到了与他们的善良品质相称的优越的政治地位，那么，就会随之产生一种进步的和开明的有力印象。

除非不平等的现象，到了极不合理的时候，人们是不会怀疑甲的败落乃是结果而不是原因；也不会怀疑乙的兴旺乃是原因而不是结果的。如果一条街上的一个婴儿，在出生之前实际上就占有100万英镑，而一个从8岁一直辛苦工作到80岁的妇女却被别人所抛弃，以致死在劳动救济院里，那么，18世纪的乐观主义就会开始失掉信心了。

三、可是立刻被人宽恕了

可是，就在这种乐观主义已被动摇的时候，它也没有投降。它移转了它的阵地，并且开始辩护说：穷人的贫困，是人类状况的一般进步所无可避免的代价。幸运的人们，对于那些对别人遭受的苦痛作出解释的各种托辞，只要这种痛苦是为维持他们本阶级或本民族的利益或地位所必需时，好像是无止境地乐于接受的，甚至具有高尚理想和伟大志向的人们也是这样。在美国南部拥有黑奴的州议员中，还有一些品德特别高尚、学识特别优良的人们，他们直到李将军在亚坡马托克斯法院里投降的时候，还热情地深信奴隶制度和奴隶市场是社会秩序唯一可能的基础，在他们的眼光中，这种秩序好像是现代文明不可缺少的东西。1914 年到 1918 年时，在德国的大学和军队里确有一些道德高尚、学识优良的人们，真诚地认为：对中立的比利时的侵犯，对占领地区的洗劫，对平民的强迫劳役，和对载客船只的轰击，都是德意志作为支配世界的强国，为完成其文明的使命所必须的但又是遗憾的附带事件。我们同样地看到：像布莱特和柯布登这样的爱国人士和追随他们的一些好心肠的资本家，正在宽宥和辩护那些与他们过去所斥责的奴隶制度不相上下的工人雇佣条件和居住条件，而这种情况，单就英国来说，在一年中所造成的本来可以避免的疾病和死亡，就比克里米亚战争伤亡的总数还要多得多。而且，容忍这种大规模的痛苦和堕落并为之辩护的人，并不只是商人和贫民窟的房东。在 19 世纪上半期的英国，和在世界大战时期的德国一样，科学界的人士和宗教界的人士——“海盗船上的教师和牧师”——都替他们自己世界里讲求实利的人们的行为作辩护。在知识分子中有李嘉图和纳沙 · 西尼尔，在教士中有多马士 · 马尔萨斯和华德雷大主教，他们都把漫无约束的工厂、矿区和贫民窟里的恐怖——用“工资的自然率”的名词把它抽象化起来——说成是政治经济学的最新发现和基督教会教条所启示的神律的一部分。现代警察制度的创始人和“英帝国资源”的主要权威，对英国人说：“没有很大比重的贫困，富裕就不可能有，因为富裕是劳动的产物，同时*劳动只能从贫困状况中得来*。贫困是社会的一种状态和条件，在这种状态和条件下，个别的人是没有在贮备形态中的剩余劳动的，或者换句话说，他除了经常运用勤劳来取得酬报外，没有任何财产或生存手段。*因此，贫困是社会中最必要的和不可缺少的成分，没有它，国家和社会就不能够在文明的状态下存在*。它是人类注定的命运。它是财富的泉源，没有它，就没有劳动、富裕、教养、享受，以及拥有财富者的利益，因为没有很大比重的穷困，就永不会使用剩余劳动力来生产，以获取生活上的舒适或豪华。”[1]

四、现代的辩护辞

我们决不能设想这些慈祥的、在别的方面都很优秀的公民，对于“平民”的痛苦所表示的那种冷酷无情，只是过去的偶然事件。现在任何人，只要留心观察一下他四周围的人们的心理，即英国、法国、澳大利亚或美国的“富有”的或舒适的阶级，无论是工业家也好，领股息的人们也好，政治家也好，教授也好，就很容易发现，他们是多么心安理得地以及想当然地认为：第一，有产者和无产者相对的地位，与他们的功过或种族的本质，有一种无法解释的但却确实存在的关系；第二，无论这种说法是否属实，广大的无产阶级的存在，对于有产阶级自身的免于辛苦的体力劳动和个人能力发展的广阔机会——两者都被认为是文明和文化所不可缺少的东西——是一种必要的条件。因此，穷困，不断的匮乏，以及占很大比重的工资劳动者经常的窘迫的贫困灾难，即使在最富裕的国家里，也都被默认为是广大人民注定的命运；这种默认，就是在这些祸害及其与资本主义的因果关系充分表现出来之后，仍然存在。我们还记得一位机敏的日本政治家曾经说过一句使我们吃惊的

[1] 派屈克·柯尔可洪：《英帝国的资源》（Patrick Colquhoun：Resources of the British Empire），1914，转引自毕尔：《英国社会主义史》（M·Beer：A History of British Socialism）第1卷，第145页。

这句名言，是一位英国经济学家、唐森牧师说的，他曾用“人类的祝福者”的笔名，著文反对“贫穷救济法”。在他的曾经再版的杰作《论贫穷救济法》（A Disser-tation on the Poor Laws，伦敦，1817）第39—41页中（马克思在《资本论》英文版第1卷第602—603页中曾加以引证），他对我们解释说：穷人是不顾将来的，并且繁殖得很快，以便“经常有一些人来担任社会中最卑贱最肮脏和最屈辱的职位。因此，人类幸福的主要部分得以大大地增进，同时那些比较文弱的人，不只是可以免于苦役……并且还可以不受干扰地进行他们本性所适合的各种职务”。贫穷救济法“势将摧毁上帝和自然在世上建立的体系，使它的和谐与美丽，对称和秩序，都遭到毁灭”（弗拉基米尔·辛柯维基：《马克思主义对社会主义》〔Vladimir G. Simko-vitch：Marxism V. Socialism〕，1913，第107页）。这位有教职的作者是“庇赛，威尔次的教区长，兼亚索尔女公爵琼恩的牧师”。他的“论贫穷救济法”是在1786年出版的，并在以后的30年中不止一次地再版。

话，他曾偶然地观察到，“资本主义制度被介绍到日本的时候，曾带来了一个不断增长的贫穷阶级——在藩主时代和自耕农时代的旧日本闻所未闻的一个阶级。这种穷困，”他又带着哲学意味微笑地补充说，“是日本为了增加它的重要公民的个人财富和为了使它自己变成一个世界强国，必须付出的代价。”

穷人的贫困，是牟取利润的资本家“自由企业”的最显明的恶果，这一点已不需要详细说明了。现在，抱着各色各样见解的思想家和政治家，都承认这种贫困的存在，并且根据他们从过去二、三代的社会主义者那里所学到的心得，多少准备采取限制资本家自由经营的救济性措施，以图减少他们认为遗憾的现象。可是，这些减轻痛苦的措施，并没有彻底解决问题。它只是社会主义思想的初步成就，也就是，在英国、澳大利亚和在所有信奉罗伯特·欧文关于工厂立法的呼吁的地方，以法律来有意地维持整个社会文明生活的全国最低水平这个重要的社会主义政策，已经得到了承认，并在某种程度上已经见诸实施。这个政策，像现在大家普遍承认的那样，如果全部付诸实施，则国家（如果选择这样做的话），是能够制止任何普遍贫困现象的再度发生的。就整个阶级来说，它甚至能够消灭那些接近贫困边缘的生活上的风险[1]。只要政治家们担负起这个任务，就是只做这么多，也会得到很大的收获。不过，这种平衡生活水平的过程本身（即在资本主义制度下，把社会各阶层的生活水平平衡到一个规定的最低标准——譬如说，平衡到一个在正常就业情况下的熟练的工程师的或公立小学助理教师的水平），将不会减少，并且，正如我们将要指明的，在较长的时期中甚至还会增加资产阶级（即占有和支配生产工具的人数相当少的一个阶级）和广大人民群众（即专靠别人的许可才能使用这些工具以谋取生活的人们）之间在物质条件和个人自由方面的不平等现象。

---

[1] 关于这种政策的充分说明，以及它在实际情况下详细的应用，见维伯夫妇著：《贫困的防止》（The Prevention of Destitution），1920。

第二章

收入的不平等

我们相信，除了穷人的贫困以外，在目前资本主义工业组织更高的阶段里，一个人的收入与另一个人的收入之间存在的巨大差别，对于国家也是有害的。这种极端不平等的现象，是尽人皆知的。在每张报纸里，资本家的也好，工人的也好，我们都时常看到在某些个人收入中存在着巨大差别的动人报道——从男女工人每周几个先令或几块美元的收入，到英美的超级资本家每年成千上万英镑或几百万美元的收入。但更重要的一个事实是，社会中一个阶级与另一个阶级间所分配到的国民收入的不平等[1]。就拿最富足时期的联合王国——即世界大战前的年代——作典型的例子吧。那时，这个国家的人民每年生产的商品和所提供的服务的总值，总计约20亿英镑；此外，从国外的投资吸收来的，每年约2亿英镑。全国人民赖以生活的商品和服务的总值的二分之一，是被社会中九分之一的人（当时有缴纳所得税义务的人们，即每年收入在160英镑以上的家庭）所取得了。在剩下的二分之一中，差不多有三分之一（约3亿英镑）分配给所谓新的社会底层人物，即所谓靠薪水生活的无产阶级的渺小的书记人员、教师、小公务员以及最小的店

[1] 收入的“不平等”，当然可以从好几个方面来了解（关于这一点，见道尔顿：《从某些方面看现代社会收入不平等的问题》〔Hugh Dalton：Some Aspects of the Inequality of Income in Modern Community〕，1920）。关于统计数字，见《费边社丛刊》第5号，《社会主义者参考资料》（Fabian Tracts No. 5，Facts for Socialists）；丘查—蒙涅爵士：《富和穷》（Sir Leo Chiozza-Money：Riches and Poverty），1905；史坦卜：《英国的收入和财产》（Joseph Stamp：British Income and Property），第2版，1921，和《财产及纳税能力》（Wealth and Taxable Capacity），1922；波雷：《收入分配的变迁》（A. L. Bowley：Changes in the Distribution of Income, 1880—1913）和《工业产品的分配》（The Distribution of the Products of Industry）。

主和商人——连同他们的家属。他们不属于体力劳动者，但每户每年劳动所得又不到 160 英镑，他们共占人口的九分之二。生产总值中其余的部分，即为占人口三分之二的体力劳动者和他们的家属所派用的，只有 8 亿英镑左右，其中除去为疾病和其他失业事故用去者外，每个成年男工，赖以维持全家生活的收入，全年平均每周只有 25 先令左右。而且在国民收入的分配中，这种耀眼的不平等现象，并不只是在联合王国或在那个特殊时期所发生的特殊情况。它是每一个资本主义社会的特征。关于法国的统治数字，就所能查考到的来说，也说明了那里的不平等现象，已走到了同样的极端。德意志帝国的情况，显明地也是一样。就是在拥有北美洲无限资源的美国，根据统计数字所揭示的，也在国民收入的分配方面，呈现出同一趋向的不平等现象。换一个方式来说，在美国，1890 年国民总收入的分配是：百分之四十作了占有者的报酬。百分之六十才是工作者的收入。[1]

一、国家“选择了不平等”的道路

所以，很明显，一个国家，在决定建立或继续保持土地和资本的私有制作为它人民的工业组织的基础时，它已经有意地选择了不平等的道路。我们现在必须张开眼睛来面对这个事实。在资本主义国家中，一个人与另一个人之间，一个阶级与另一个阶级之间，不计他们本身的贡献，并且往往与他们的勤劳和对社会的用处成反比例，存在着残酷的不平等，这并不是由于资本主义运用上的缺点而产生的，而是在它的本质里就已存在的。它不是暂时的现象，而是永久性的特征。把实际上所有决定财富生产上的差别的因素——如在经济使用上，某些土地和资本比条件最差的土地和资本暂时较为有利的部分——放在差不多无约束的

[1] 麦凯伊：《美国化的社会主义》（James Mackaye：Americanized Socialism），1918。

私有制之中，我们便造成了下列的结果：正如统计数字所指明的，至少占生产总额三分之一的“租金”或剩余价值，落到有产阶级中占据比较优越地位的人们手中，至于这些人对社会有没有什么贡献，则可毫不计及。卡莱尔说：“寡妇正在为孩子们的晚餐收集荨麻：一位在客房里悠闲地向窗外瞭望的涂着香水的地主，却有一套炼金术，并将用它来向寡妇索取第三根荨麻，而称之为租金和法律。”超过有关工人所能得到的生活费用同样的“剩余价值”，已经在所有资本主义工业中，一年接着一年地生产着，并且在每个场合下都榨取到了顶点。这并不是说，“所有财富都是劳动创造的”，这句话，是指体力劳动而言。采矿工程师、商船船长、铁路客运管理员、银行经理、文艺作家、科学作家或教师、发明家、设计师、组织员以及在各种名义之下为创造和指导社会公用事业贡献毕生精力的人们和无数的其他“脑力劳动”参加者都可以认为是产品制造的合作者，并且都是为他们自己和家属合法地赚取维持生活的收入。至于他们各个人的收入与各人所作的劳务的社会价值，究竟具有怎样的关系，仍是一个纠纷的问题，还未能找得满意的答案。但是，除了这些收入之外，通常还有一种剩余，落到生产工具的法定所有者阶级的手里；作为所有权的结果，而不管他们是否生产方面的组织者或领导者或是否以任何方式对生产提供协助。事实上，在一切资本主义社会里，这些剩余，有很大一部分落到那些并未根据这种收入而生产任何东西的人们手中，并且其所占比重好像还在日益增加。很显明，决定财富生产上的差别的因素——在经济用途上生产性较高的土壤、地点、矿场、工厂和商店的因素，或者，在多数个别所有者由于协议或合并而形成垄断局面时，对消费者所榨取的利益的因素——为私人所有后，其所带来的这些现象，并不是由于工资的低下：即使用救济的办法，将社会中每个成员的收入提高到规定的全国最低水平，这种现象仍然不受影响。在某种情况下（即穷人贫困的减轻，会提高他们生产财富的效率，从而增加产量），这种“租金”的总数，甚至还会增加。假使那位寡妇有收集七根而不止三根荨麻的能力，这位在客房里向窗外瞭望的地主，可能从她那里榨取比以前更多的荨麻。

二、遗产法律

并且，把全国产品的大部分来支付对所有权的报酬这件事情所产生的影响，还是带有积累性的。小财主可能将他的全部股息用来维持他本人和家属的生活，可是租簿越大，或股息越多，则个人开支以后所剩下的余额，通常也就越大；这种余额，便通过高度组织的财政金融系统，自动地投资在生产工具的增长上面，以获取更多的股息。所谓小康之家的主人，也许会把他的本金亏掉或亏折；但几乎所有的超级资本家都懂得怎样地去保障他们自己和后代，避免这种厄运。所以，在资本主义统治下，占有资产最多的人，事实上收入最大，但他们却不是工作最多的人；而占有资产最少的人，不管他工作怎样努力，事实上收入最少；这在现在已成为确定不移的定论。并且，两者之间的鸿沟，永远是在扩大着。就是由于这种个人财富的自动积累——旧经济学家无意识地讽刺为“节欲的报酬”——使资本主义文明产生了那种不断增加的怪物——百万富翁。再者，在所有资本主义国家所制定或发展的遗产法下，对所有权所作的支付，不只是扩大了同时代人中间收入的不平等，并且还造成了财产所有者世袭的阶级，使其中的成员，具有一代又一代无止境地从同时代的同胞身上索取他们血汗的合法权利。这一点是必须加以重视的。土地和资本的私人所有制，加上关于遗产的法定制度，无论是慈善事业怎样把它人道主义化，无论保障全国生活最低标准政策的系统实施怎样限制着其中最恶劣的过分情况，结果必然地会把社会划分为两个永久的、大致上是世袭的阶级——即一个富人国和一个穷人国。

个人收入之间和阶级收入之间太不平等的恶果，是多方面的。它们可以总结为四个主要项目：每年作为维持全国之用的商品和服务被无益地浪费；鼓励了寄生游惰生活；以及，由这两者带来的，优良风貌的普遍缺乏和对于种族的一种经常的退化影响。

三、财富的浪费

“就我所知道的来讲，”美国第二任总统写给杰佛逊的信上说，“这个地球，可能是宇宙中的疯人院。”[1] 近百年来的事实，好像是提示说，在灵魂往来的宇宙中，我们这个特别的行星，可能已被指定为太阳系的疯人疗养院。至少，我们地球上大多数的文明社会，消费或使用千百万男女每天劳苦生产的商品和服务的方式，是合于这种假说的。我们且不必提及 1914 年到 1918 年世界大战四年中的疯狂情况，在这个时期里，世界上几乎所有的资本主义政府，都用光了各该国内全部的劳动产品，蹂躏了许多肥沃的土地，烧毁了无数的建筑物，并且，有意地破坏了许多工厂及机器，目的是为了杀害和伤残 3 000 万左右的少壮男性青年。我们只要想一想在和平日子里每年产品的正常消费——即视为当然的消费，和富裕的人，以自我陶醉的心情（这种心情和和蔼的疯人幻想自己是万能的上帝的自我陶醉心情一样）所承认的消费就行了。

四、宇宙视察员的报告

我们想象一个至善的政府派来的一个关于消费科学化的神仙专家的报告；他是派来调查这个疯人疗养院的行星上的疯人们的精神健全情况的。他写道：“我不能同意我的同僚——生产科学化视察员的话，他说

[1] 亚当斯写给杰佛逊的信，1814 年 7 月 16 日；载《约翰 · 亚当斯全集》（The Works of John Adams），1851—1856，第 10 卷，第 101 页。

地球上的居民已有进入健康的状态。我不必讨论什么是健康这个问题。我们只要记住的是，根据我们所得的训令，我们是不准研究地球人的最终目的或理想的，因为我们知道，甚至在至善的宫廷里，与‘手段’分离的‘目的’，其正确性一直是一个争论的问题。我认为，宇宙规律所许可的测验个人或种族精神健全情况的标准，是为某种既定目的而选择一种事后证明是适当的手段的能力。‘地球人’的目的或其理想是无争论余地的。他们带着愚蠢的微笑，一直不知疲倦地相互标榜说：他们心目中的目的，是整个社会的健康和幸福。他们承认，在地球国家里，这就首先要依靠必要的商品和服务的有效的使用。我的同僚告诉我说：在大多数商品及某些服务的生产中，他们已有一些迹象显示着材料使用上和体力劳动及脑力工作组织上的日益增高的聪明。在财富的消费上，我觉得他们似乎是越来越坏。以前各时代的人，生产较少，可是我认为他们把所生产的东西好像消费得比较聪明。就拿地球生活中主要的三种必需品——衣、食、住——来说罢。我把视察衣的消费情况当作第一件任务。在‘懒人区’里，有一些妇女，她们每个人引为骄傲的，是在制作她的服装上，消费了100到200个服装工人整年的劳役。我窥听到其中一个人在辩论可能的节约问题时说：一个工人全年的生产仅仅足够供给她‘一顶帽子和一件睡衣’的需要。一个快要结婚的青年妇女，专为她个人的使用，要备办不少于79件睡衣，这还不包括需要几百个人一年以上的时间来制作的其他的服装。为了在一个女人的服装上，消费一二百个工人的劳力，劳动力就得浪费在野蛮的装饰上，在采用不经穿的材料上，及在为每一种场合准备一套单独的行头上（我观察到一个妇人一天更换行头五次，还有一个工人紧紧地跟着伺候她）；而最发痴的是，每年总有一次或两次把整橱的衣服丢弃，以便更换时髦的新装。由于地球人的身价，显明地是根据不生产而消费的能力来估计的，这种滥用服装工人劳力的消费，也被那些收入有限的妇女们所模仿，因此，全体人民的服装，就反映了有钱人荒诞的和不健康的习惯。我从‘懒人区’里转到了服装工人自己的家里，在那里，我发现他们日日夜夜都是穿着同样的衣服过活的——不好看、不合身、不够穿和不清洁。他们的孩子都穿着破烂的鞋子上学；并且不论天冷天热都穿着同样厚、同样织物的破旧衣服。解释是很简单的。这些服装工人，每人每年只限于享用一个人一个、两个或三个星期所生产的衣服，而‘懒人区’里的每一个妇女，则需要100或200人每人劳动52个星期来供应她。这个例子是典型的。所以，作为达到整个社会健康和幸福目的的手段来说，这地球上穿衣的消费，不能不认为是疯癫的象征。

“然后，讲到地球上某些地区由于气候而引起的住所问题。‘懒人区’里的住宅，往往是这样大，并且包括这么多的空房间，以致需要5个到25个人的经常劳动专门来保持它们的清洁，以及供应那些有的有、有的没有妻子儿女同居的居住者的日常需要。同时，甚至在最富裕的城市里，全市人口却有百分之二十麇集在一间或两间住房的出租住宅中。我确实发现过许多事例，两个或两个以上的家庭，同在一间房子里工作着和居住着，其中因此发生的猥亵行为和疾病状况，简直不堪公布。

“甚至在食的问题上——在地球上继续生存所绝对必需的一件事——消费方面的浪费也到了疯狂的程度。值得注意的是，这些地球人已经发现了关于食物消费的许多事实。他们在一个狭小的范围，差不多可以完全准确地知道人类健康生活所需要的食物的数量和质量；他们知道少于这分量，就会饿死；多于这个分量，就意味着疾病。可是，假使我们拿生产食物所需的劳动力来作衡量的尺度，将广大群众所消费的营养价值，和‘懒人区’的人所消费的营养价值来比较一下，我们就发现两者的比例差不多是1与20之比，结果是：劳动最辛苦的广大人民，经常营养不足；同时，平常绝不从事生产的极少数人，则不只是浪费食物，并且在消费食物之中，变得木头木脑和奇形怪状。”

以上是神仙视察员关于“地球人”消费的假想报告。世间的经济学者不只是承认这种批评，甚至进一步加以阐明。现在收入上的不平等，不只是突出地导向消费方面的浪费，并且使不应当生产的东西也生产出来。世界上生产少数享有不平等收入的人们所喜爱的商品和服务的这种指导力量，竟把早期经济学家所做的一切假定——即生产大体上是自动地朝着满足人类需要的方向，依照其迫切程度的次序进行的——一脚踢翻。这种力量为我们造成的情况是，极大数量的劳动力浪费在最无用的奢侈品上，同时成千上万的婴儿则因缺乏牛奶而夭折；无数的儿童，在营养不足中成长着；几百万的男女，命定在饥饿忧患中生活着，并且，整个社会最迫切的需要——暂且不提关于后代幸福的主要东西——仍然没有足够的供应。在生产工具当作私人财产的制度下，个人的“有效需求〔即个人方面没有浪费的需求——译者注〕”，并不能保证那无可异议的全国人民的最迫切的需要的满足。

五、“有效需求”的败坏

不幸的是，占国民总收入三分之一或五分之二的劳动群众的支出和占国民总收入更大部分的上中产阶级支出，都同样存在这种情况。引用一位美国作家的话来说：“在现在情况下，富人的坏榜样，比他们自己的放纵贻害更大，因为它使浪费的风气非常广泛地传播开来。模仿或赶上游手好闲的富人的努力，是有传染性的，甚至穷人也会堕落。它不只在有经济能力的人中，并且在没有经济能力的人中，滋生奢靡的习惯。很明显，这对整个社会的消费效率会起压低的影响。”[1]

六、消费上的浪费

实在令人惊异的是，我们在增加商品和服务产量的方法上，作了

[1] 麦凯伊：《美国化的社会主义》（James Mackaye：Americanised Socialism），1918。

这么多的研究，而在怎样来消费或使用它们的方式上，就这样少加以注意。可是，任何商品的真实效用，都决定于它转入消费方面的方法上。很明显，某一种数量的商品和服务，如用某一种消费或使用方式，可能比用另一种方式获得更多的结果。就工业组织来说，这是每一个行政管理者都明白的。在企业里实行“科学管理”的“工业巨头”，都很灵敏地知道他的任务是：充分地诱导全体工作人员的动机和刺激，和把科学的成就充分地应用到他的生产过程中去，以便各种材料、各种成分、各种动力来源以及可以调动的劳动力，得以充分利用来从一定的供应中生产出最大数量的果实。但在白天工作以后，他便回到他“特别选定”的公馆——“选定”的条件，主要地包括摒弃一切节省人力的设备，和使用大批的仆从——去吃一顿不卫生的晚餐，这种晚餐所花的劳动力要比他的工人为保持体力而吃下的食物所花的劳动力大10倍。他并且鼓励他的妻子去把房子装满那些除浪费劳动力外别无价值的家具和陈设。在高兴的时候，他便接受妻子和孩子们朝三暮四的请求，回答说：“买吧，不过是花些钱而已。”他一方面在他的工厂里，对每种产品，提出要达到最大限度的产量的这种经济“号召”，他另一方面，在其个人收入的范围内作为消费支票的开单人，对来到他面前的产品，作不加考虑的滥用——这种对照，只能说是非常出奇的现象。任何观察过工厂管理的人都明白，在全国的财富中，浪费5吨煤，并不是一个重大的项目，可是利用3吨煤来生产更多的产品，却是一件大事。这个真理，在工厂用煤的事件上是如此，在工厂产品的个人消费上，也是一样。因此，对全国的财富来说，认为全国的财富完全依靠着全国的生产的说法，是不正确的。消费上的改善，和生产上的提高一样，也能够增加全国财富的总额。我们只要举出一个例子，“夏令时间”的采用，每年为联合王国带来了大约相当于2 000万英镑的收入，或者相当于它的一个煤田的全部产值。

七、“配给制”的影响

生产资料私有制无可避免的结果引起收入方面巨大的不平等，后者本身又引起产品总量消费上的万恶的浪费现象，这些现在已为现代经济学家所公认了。它除了毁灭“资产调度”——就是将资产作某种方式的调度，以便社会中最迫切的需要，比次要的需要，得到优先的供应——的一切可能性这一事实以外，单是为花钱而花钱的炫耀心，就可以导致人们只因价值高昂的缘故，购买和消耗许多物品。具有甚至更大的永久重要性的是：对于怎样最有利地去利用现有的产品这个问题，差不多竟没有一点鼓励，可以诱导人们去作探讨。因此，直到世界大战的紧张局势逼使我们的政治家不得不暂时加以考虑的时候，在英国，也和在美国一样，关于消费效率问题既没有研究，也没有教育措施。在英国，对富人穷人一视同仁的临时配给制度，就某些主要物品来说，有它的一个重大的优点，就是有空闲、有训练、有机会的人们都致力于研究工作，不只是研究营养价值、烹制方法等显明有益的事实，而且研究家庭中节省劳力的方法和服装上最经济最卫生的式样。有人建议，同样严格的“配给制”，不是肉类和食糖的配给制，而是家庭收入的配给制，也许可以带来更有益的效果。那时，一些豪富的家庭妇女们，必定将她们的聪明才智和全副精力，从出风头的花钱竞赛移到另一种竞赛方面来，也就是，去发现怎样才能在规定的同等收入范围内把家庭安排得最美满可爱！的确，我们愿向那些重视艺术的人建议，假使每个消费者，最有天才的、最吹毛求疵的以及最滥花钱的人，都能够避免浪费的高价和瞬息的时髦的诱惑，而致力于探讨怎样来利用社会规定给每个家庭的收入，以达到必需的效用和最大的美观，那么，家庭内部的式样设计和造作艺术、修建和布置，将出现一种全新的局面。

八、鼓励寄生游惰生活

在失业或乞丐增加的时候，工资劳动者一直被人提醒说："自然和道德的规律是，不劳动者不得食。"由于这个自然规律的执行，我们看到全国各地都散布着这样的野蛮机构，如"劳动救济院"、"游民看守所"以及作为最后手段的监狱。以前，反抗的失业者的代言人曾带着特有的客气回答说：一位个别公民的劳动义务，必然地要以已否给以劳动的机会为前提；更大胆的是，工党已向英国议会提出了"劳动权利法案"。社会主义者宣称，对于中产阶级的批评，更正确的答复是：制定一种"劳动义务法"，规定任何健壮的成年人，如果发觉他没有积极参加有全国重要性的工作，应当——不是用囚禁在"劳动救济院"、"游民看守所"或监狱的方式来残酷地加以惩罚——而是十二分客气地取消使他们得以过游惰生活的那些收入。社会主义者深信，以法律来建立一个阶级，使他们能合法地依靠租金和股息来过着游惰的生活，这就等于在社会里安置了一批有特权的人，而这种特权又使他们无法抗拒地受着一种诱惑，将自己置于"不劳动者不得食的自然和道德规律"之上。这种社会寄生性所给予社会的损失是十分大的，但是它给予寄生者本人的影响，危害还要大些。我们已经看到，那些处在"规律之上"的人们，无可逃避的是残酷无情和盛气凌人。这些缺点，虽则他们往往感觉不到，但危害性并不因之减轻。他们这种不自觉，往往会使他们对于不属于自己阶级的人所受的痛苦，感到好像对于另一个物种的痛苦一样，看作是不真实的和无足轻重的。有产阶级漆黑的良心，看不到这个显而易见的真理，就是，在商品和服务的生产方面，只会消费而对世界毫无个人贡献的男女，只是社会的寄生虫，他们的出现，使世界相应地变得更穷了。这种人，既不是残弱无能，又没有准予退休，正如罗斯金徒然地说的，是一个窃贼，并且，这种窃贼虽然经过法律的许可，仍是一个真正盗窃的窃贼，一个被人憎恶的窃贼。甚至寄生阶级的智力也受到了毒害的影响。这不只是从许多科学发明家或文学艺术天才往往不出于百万富家这一事实可以看到的。只有智力方面微妙的衰亡这一理由，才能解释：为什么几乎不可能使一般有钱人了解，更不可能使他们相信一个经济上的显明真理——这个世界，是由于他而相应地变得更穷了，这不只是由于他没有作出相等的个人生产而消耗掉衣食，并且是，由于他根据个人的欲望和放纵而进行的浪费；再者，在他的场合下，“花去的钱”不只是没有“贸易上的益处”，并且，事实上，由于他的购买，借以供给他自己任意使用的缘故，减少了世界上商品和服务的储备，而这部分储备，若不是被他们所浪费，就可以用来改善普通公民的困难境遇，或者促进科学的发展和培植艺术的向上发展。世界大战的震撼，也不过打开了少数富人的茅塞，使他们看到这个真理，而且，到了今天，恐怕他们又已把它置之度外了。

九、无意识的盗窃生活

这种有产阶级游惰分子很有嫌疑的无意识的盗窃生活，连同它所滋生的、对于除本阶级外别人的痛苦的冷酷心肠和傲慢态度，不仅对富人有这样微妙的腐蚀作用，同时对于那些无力把自己置于世界法律之上的人们，在思想和品德上，也给予了不良的影响。一方面是由此而生的奴才性，另一方面是由此而生的羡慕心，或者，甚至对一种基本上违反一切道德原则的生活所抱的单纯赞赏心。这对于穷人也和对于富人一样，都是有腐蚀的影响的。富人对于穷人的仁慈，实际上使两方面都更加堕落。一切慈善施与——基于个人友谊者除外——都使施与者和领受者的道德同样地受到败坏；而在彼此感到社会地位不相等的人们中间，馈赠礼物，无论用意多么良善，方式多么巧妙，总不免带有勾结徇私和夤缘寄生的毒素。对有钱的男女，仅仅由于他们有钱的缘故而给予的尊重和敬佩——不管对他们有无好感，或由于他们的个人吸引力，或艺术方面知识方面的成就——对于授受两方，都是同样有害的。一个同样严重的毒害是：它伪造了社会的价值，并抹煞了本身确实值得赞赏的品德和智力的本质，从而阻碍了它们的被人仿效。可以不算过分地说：在今日的英国或美国，只要在任何附近区域有一个不事生产的富户存在，即使这个家庭管理得很好，也会由于他们的坏榜样削弱全区的生气，降低做人的标准，败坏人们的道德，并且在同样的程度上抵消教会和学校的工作。

十、“在法律之上”

假使一个人自己在商业界、金融界、司法界或行政方面，为生活而劳动，由此并获得报酬，从而使他跻入有钱人的行列，那么，由于每日服务的贡献，他可以避免某些个人的腐化，虽然由于他收入的优厚而受到别人过分的尊敬这一事实，也带来了它本身的危害。可是他的妻子儿女，则很难逃避他们寻常消费过度和劳动不足的种种恶果。妻子的职业差不多确定地是对社会方面没有生产性的，同时她在家里和店里接触到的奴颜婢膝的气氛，也一定危险地带有腐蚀作用。孩子们则在腐蚀性的物质奢靡气氛中成长。他们无法逃避一种前面已经解释过的“我在法律之上”的感觉，虽然这种感觉也许从来没有在他们的理智意识中实际出现过。他们所受的正式学校教育本身，也被阶级气氛引入了邪途。其中有些志气不特别高的、自我牺牲的热情不特别丰富或对科学知识的爱好不特别深的人，假使就业的话，也几乎必然地是在由于家庭地位而给他安排的岗位上，满足于“鬼混过关”的生活，通过腐化的平庸的努力，获致平庸的结果；并且，在事实上，终身奉行一种为手艺人所引为羞耻的巧妙的怠工，或俗称“磨洋工”政策。没有训练、没有纪律的游惰男女错称为工作的那些权宜之计的工作——即慈善的、艺术的或单是社会的工作——也不能改善这种腐化的情况。理智的和道德的健全，以及公道的要求是：任何人，以一种特殊的方式，支出他的收入向社会定购的“订货”，必须以他自己的劳动成果来作交换，以便满足社会中其他成员的“订货”，假使这个成员在国民收入中也有他合理的一份，并且可以支配它的话。如果他爱好“孤独生活”，不愿服从别人“订货”的要求的话，那么，至少就须叫他不要“订货”；就是说，他的消费不得超过他本人的生产所得。除此以外，一个人与另一个人间的经济关系都是令人作呕的自己骗自己和自得其乐的关系[1]。出乎寻常的是，那些个人主义者的哲学家们，平日一直高唱竞争对于生活的刺激作用（如像市场价值所测验出来的结果），但关于寄生生活对那些优良后代（即这些哲学家们所认为本身已经证明出来是优良血统的人们的后代）的腐蚀和堕落影响，则泰然加以认可。我们很难看出，这些理论家怎样能够逃避这样的推论，即社会的和人种的进步要求：取消产生股息的财富的继承权利，并且，同时也一起取消不劳动而生活的机会；就假定单是为了每一代的青年——甚至资本家自己的儿女——不至于被剥夺自由竞争的幸福果实，也应当这样做。

[1] 关于这个题目，在美国出版了一本杰作（梭士坦·费布伦：《有闲阶级的理论》〔Thorstein Veblen：*The Theory of the Leisure Class*〕，1899），它把有闲阶级的起源，追溯到以两种致富方法为基础的古代文明，这两种方法是：狩猎、战争、对于低级民族的劫掠和压迫等掠夺和强占的“光荣的方法”，以及强加于妇女和奴隶的个人劳役（农业和手工业）的“不光荣的方法”。这种传统，经过了一些修改，一直传到封建文明的时期，那时贵族（本身仍忙于使用着掠夺和强占的光荣方法）的妻子和儿女们，都不担任任何有用的职业，而变为“高贵仕女”。“从这时起，有闲阶级生活的特点，便是突出地免于从事一切有益的工作。……回避劳动是社会财富的传统标记，因此也是社会地位的传统标记；这种赞美财富的风气，也就导向了更加崇尚游闲的风气。……到了后来，习惯竟把劳动当作不只是公众眼睛中不名誉的事，并且在道德上为贵族、自由人所不可能做的及与高贵的生活不相容的东西”（同上书，第40—41页）。在现代的资本主义社会里，男人则追求发财，但不是通过仍被认为不光荣的体力劳动，而是通过领导、组织、讨价还价、投机取巧的方法——这些都是掠夺者或剥削者的表现——可是，他坚持要他的女眷，有时还要他的儿子们，代表他过着游闲生活，借以标志他的社会地位。特别游手好闲的效用和为建立社会地位的消费，是决定于浪费这一个因素——即担负金钱损失的能力。“时间是被不生产地消耗着，原因是：（1）由于对生产工作的不重视，和（2）作为过游手好闲生活的经济能力的证据”（同上书，第43页）。除此之外，再加上奢靡的花钱。“贵重物品的惊人消耗，是有闲人士借以闻名的手段。到了手中的资财累积到很多的时候，单凭他自己的努力来运用这种方法，还不足以显示出他所有的资财。于是，他就不得不用馈送珍贵礼品、举行阔绰的宴会等方式，邀请朋友们和同他竞赛的人们来协助”（同上书，第75页）。书中关于“突出的有闲”、“突出的消费”、“生活的金钱标准”、“趣味的金钱规律”、“表现金钱文化的服装”、“古代特性的保持”、“遗存在现代的豪勇气概”各章，在说明资本主义国家有闲阶级的文化方面，具有重要的意义。

十一、优良风貌的缺乏

但是，对于收入和个人自由的不平等，还有另一种根本相反的辩护理由，现在坚持这种理由的人，比公开提出它的人，往往还要多。有很多人感觉到，优良的风貌，高尚的修养，个人的魅力和甚至人类的尊严，都要靠着一些处于“不劳动不得食”的自然规律和道德规律之上的家族的存在，如果这些家族是世袭的，那么更好。现在“大人先生”和“高贵仕女”的主要标志是，在他们或她们的日常生活中，没有个人的苦役，没有听人指挥的义务，和没有无休止的金钱顾虑；他们或她们整个生活的目标，就是获得一种自由，借以发展对社会有利的新才能，虽然这种才能不能做出可以交换的商品或服务。与这一点相结合的是，作为个人品质的一种惯于发号施令的吸引力，即一种个人尊严的表现形式，及往往随之而来的一种用威胁来利用别人服务的习惯。

十二、恶劣风貌的必然结果

我们要顺便提一提，那些鼓吹具有优良风貌的贵族阶级的社会利益必须以财富和摆脱强制服务作为基础的人们，好像没有注意到贫困和劳役在大多数民众的日常生活中所起的“恶劣风貌”的作用。在现代的工业国家里，无论是旧大陆也好，新大陆也好，我们所看到的市区贫民窟里的典型居民，就是所谓“大人先生”和“高贵仕女”的一个对照。象征很大部分工人区的野蛮、粗鄙、不顾别人的叫嚣及卑鄙的背地诋毁和谩骂等行为，迫使着其中较“自爱”的人们，由于感觉到社交往来的不可能，不得不采取他们所谓“独善其身”的政策。由于“恶劣风貌”的悲惨事实，成了贫民窟的象征——这种事实比自私、残暴或缺乏互助，还具有更大的象征性——所以人人都要坚持“大人先生”和“高贵仕女”的称号；同时，那种光荣的男人或女人的称号，只是和咒骂的形容词一道当作一种凌辱的名词罢了！

但是，我们所要强调的事实，不是穷人的野蛮化，而是富人的下流化。我们否认现代工业国里的有闲阶级提供了任何优良风貌的标准的说法。相反的，正如老辈的贵族自己所痛悼的，现代的资本主义社会，一面颂扬利润的牟取，一面又奖励奢靡的游惰，其特有的罪恶之一是礼貌的堕落；这种罪恶，由于容易被人仿效，所以比贫民窟的粗鄙野蛮更加有害。

十三、丧失原有职能后的影响

很有趣的是，在世界历史中，那些强迫利用别人的劳力以便使自己摆脱辛勤的工业劳动的一种人，当初除了过着“美满”的日子外，还有他们自己特殊的社会职能。他们过去曾为了本族的食物而进行狩猎，为了保卫本族而进行作战，他们致力于好像是本族的幸福所系的祭司职务。在古代的希腊，他们是哲学家和艺术家；在共和时代的罗马，他们是政治家和法学家，并且往往是被征服的人民的统治者或管理者。只是到了资本主义时代，才产生了一大批脱离了生产的人，其中大部分的男子和几乎全部的女人都没有一种独特的职能，并且否认负有任何为社会服务的义务。我们已经评述过由于没有任务的富人阶级的存在所产生的罪恶——风貌上和道德上的堕落，以及腐蚀别人的风貌和道德的微妙影响。在资本主义高度发展的现代社会里的有钱人家中，曾经当作有闲阶级的社会美德的堕落，还有另一个原因。必须承认，最能发挥这些社会美德的，是像路易十四王朝的贵族、卡罗莱纳或弗吉尼亚的旧地主家庭或者日本的武士那样的贵族阶级——他们的生活本质，就是摆脱有意去从事赚钱的活动和维持一种严格的等级制度。可见，很明显，把活动作这样的划分，是不能持久的，因为它没有自然的基础。假使资产阶级真正忠实于封建主义，而只产生政治家或军人、运动家或艺术鉴赏家，也许还可能维持住中世纪式的稳定的不平等。可是大自然并没有理睬资本主义。在资产阶级的后代中，政治家和艺术鉴赏家的出现，如同在产生吴尔赛及李西略的那个阶级里一样，是非常少的。资产阶级活动的精神，多半包含着下流的野心、下流的才能和下流的趣味。这些活动的精神，与其说是合作性质的，毋宁说是竞争性质的；他们爱好的是成功，成功就是发财，以及发财所带来的个人权力和威望；而大企业活动中的投机赌博成分，更为这种爱好加上了富于魅力的情趣。在现今的日子里，旧的世家的活动分子和暴发户的活动分子一样，都在生产工具的组织和管理上，钩心斗角，追求利润。这种影响，已变得无孔不入，就是最大的富豪，也不能免。今天的“有闲阶级”，在英国和法国的，在美国和澳大利亚的，不只是远没有跳出金钱的追逐范围，并且是被聚集更多的金钱的欲望所支配着，对于各种生产的形式与法律所许可的各种谋利方法，都是一视同仁地加以采用。现在已不再有贵族阶级、资产阶级和工人阶级了。现在有的，只是一个富豪阶级和一个无产阶级；并且在无产阶级里，旧有的特征，还是当作理想被保存着和在实际上被悲惨地模仿着，同时，在富豪阶级里面，则富商巨贾与王公大人，同吃同坐，他们都是沆瀣一气的有钱的商人而已。

企图把有闲阶级的贵族式理想跟资产阶级赚钱的努力结合起来，其结果就是一种最丑恶的风貌[1]——至少，对我们的口味来说是这样的。

---

[1] 正如费布伦所指出的，贵族阶级的或野蛮的统治阶级理想所依靠的，不仅是完全回避体力劳动，并且也回避工业、商业或投机各方面牟取利润的脑力工作。假使说贵族阶级的人是游惰和奢靡的人的话，那么，至少，他也是不从事于积极谋利的人。另一方面，桑巴特指出：旧的资产阶级统治阶级理想在资本主义早期可以看到，那时游惰和奢靡都被认为是两种致命的罪恶，而个人勤劳和个人俭朴却被认为是最神圣的美德。“‘把蚂蚁当作你的规模吧，’达·芬奇（1339）的父亲、当时最有名的资产阶级分子写道，‘它们今天已把明天的需要准备好了。你必须俭朴和有节制。’”（桑巴特：《资本主义的本质》〔Werner Sombart：*The Quintessence of Capitalism*〕，1915，第 111 页）。美国资产阶级理想的创始人富兰克林写道：“为要保障我作为一个商人的信用和品德，我不只是要小心地去做一个勤劳和俭朴的人，并且还要避免相反的表现。我穿得朴素，并且在任何地方没有人看见我有闲散的消遣；我从来不出去钓鱼或打猎”（同上书，第 123—124 页）。现代资本主义有闲阶级，已经把贵族阶级和资产阶级两者的理想的优点失掉了，而保留了它们的缺点。

闲情逸致的伪装，出风头的和无益的开支的爱好，凭价格来衡量物品优劣的识见，根据财产而不根据品质或成就来评价别人的眼光以及由此而产生的对于每个人“社会地位”捉摸不定的神情，对百万富翁的阿谀献媚的态度，从占有感所产生的令人难堪的傲慢以及认为别人在社会上都低我一等这种观念所包含的妄自尊大——所有这些在一切资本主义国家社会里都存在的特征，在我们看来，使得那种认为在现代资本主义文明里优良风貌有赖于有闲阶级的存在的说法，变成荒谬绝伦的笑谈了。

十四、 真正优良风貌的出现

社会主义者对于这个问题的看法，并不只是限于这种消极的批评。他还深信，“优良风貌”的新观念，正在民主主义国家里作为民主政治的果实出现。当一种确定的社会阶级制度不能维持和社会交往必然地要普通化和复杂化的时候——如民主选出的团体成员间的共同身份，或者如公共汽车、电车、美国的火车和现在英国火车的“三等座位”的共同使用——代替坏风貌的只有一种东西，那就是相待以礼的共同标准。事实上，这就是在现代日本某些边远地方形成的优良风貌。在那里，贵族或百万富翁和看门人间，大地主和他的每一个种稻及种萝卜的佃农间，都用同样的礼貌互相对待。在对人的关系上，礼尚往来的观念，还在现代法国的典型“文明”或文雅风气的根子里存在着，这是法国由于大革命遗留的传统，胜过比方说 1871—1918 年的德国的地方。我们应当还记得，在 1879 年，马蒂·亚诺尔德批评当时英国的世袭贵族和富豪贵族时，选定的句子是，“在基督教的语言里并不陌生但还没有记入我们记录簿里的一句惊人格言：‘选择平等和逃避贪婪’”[1]。社会主义者

[1] 亚诺尔德:《论平等》（Matthew Arnold：*Equality*），载《杂文集》（Mixed Essays），1879。

同意马蒂·亚诺尔德的话，深信“选择平等”是优良风貌的主要因素。

优良风貌的这种基本条件，曾时常受到那些一直被认为是这方面的表率者的承认，但只限于等待已经加入到他们的特殊社会等级为成员的人而已。在所有的时代，在有礼貌的圈子里，凡是属于圈子里的人，彼此在社交上都指望平等对待。我们已经把这种社会平等的观念，推广到餐桌上面。当食物仅够分配的时候，我们不会求取比均分的一份还要更多的东西。我们现在不会认为，拿比餐桌上其他的人所喝的价值较贱的酒分给女管家，或甚至拿较差的肉类分配给佣人去吃，是合乎绅士风度的。但是，对于**真正同我们在这个世界的餐桌上共食**的广大同胞群众，却只有极微小的少数人遵守这种优良风貌，甚至在那些自认为有教养的人士中间也是这样。不过这又是不可避免的事，因为大自然仍是固执地拒绝合作，它使富人在内心上有比穷人优越的感觉。天生的贵族阶级对较穷的可怜虫表示十二分的礼貌，是很容易的事。他的特权没有被否认；普通人对于他的谦虚，是会受到感动的，并且亟愿表示他也知道怎样来尊敬这种真正的品德——正如他所说的，在看到一个君子的时候，他就看得出这人是一个君子。可是富人并不是生来就有这种优越性的；他们和其他的人们一样，也是一般的货色；而且他们在比较奢靡环境中的成长，还使他们养成了一种为所欲为的习气，并指望着一种与自己品格不相称的优先权利。他们既然没有天赋的优越性，于是就不得不以傲慢的态度来支持他们的人为的特权，并以花钱的本领来显示他们的力量。没有这类傲慢和花钱，他们可能还只配做他们自己的侍女和厨司，虽然一般的侍女和厨司还比他们要漂亮一些和有礼貌一些；的确，侍女和厨司们如果不是这样的话，恐怕不能得到好的位置。

在这种情形之下，向那些只有一般水平的品德但有特别多的财富的人们谈优良风貌和合理节俭，是毫无用处的；至于对那些在水平以下并且生来就是卑鄙、粗鲁、自私和愚钝的人们——收入以成千英镑计算的也好，或是以先令计算的也好，都是一样的——就更不必提了。恶劣风貌就成为即使不是完全强迫的风气，至少在实际上也是无可避免的风气；并且，正如每个阶级里风貌的公认标准就是该阶级每个人习惯的行为一样，大多数的人就会认为，他们的傲慢和奢靡，在破坏优良风貌方面，并不比他们自己和家属所花的钱和所作的消费还要严重些。因此，他们就从这个世界上窃取了偶然的幸运给予他们的财富，而不管这种财富的消费在最完满地完成他们对社会应尽的职责上是否需要。

事实上，在今天的美国和英国，阻碍着普遍采用优良风貌的民主观念的，是在各家族之间——在社交日益复杂的现代，这种家族间的接触，已转变为个人间的接触——存在着物质状况和个人自由的不平等。由于这个理由，最优良的风貌，现在能够看得到的——这里所提的只是我们的意见——不是在英国的“一万个高等人”中间，或纽约的“四百闻人”中间，而是在物质状况实际平等、不靠有关的占有权而靠其他条件来决定其社会地位的某些社会阶层里。我们可以把大学区里学术界的家属、旧式行业里遗存到现在的技工，以及仍属穷困和被人看不起的教会牧师，列举出来作为例子。社会主义者的主张是：如果我们要做君子的话，我们不只是要在直觉上避免夺取比我们应得的同等部分更多的生活资料，并且要在我们的社会制度上，特别在所有同胞间文明生活资料的集体分配上，遵守一个基本格言：“选择平等，逃避贪婪。”

十五、种族退化的影响

对于个人财富的不平等，以及资本主义社会对它的重视所造成的社会等级现象，还有一点值得控诉。萧伯纳先生在着重提出个人间财富悬殊所造成的恶果和收入平等理想是社会主义信条的基本部分方面，曾比任何其他的社会主义者作出了更多的贡献，他对这一控诉，曾以特别的责难方式，表示了他的意思。他说：“除非等到你们选择配偶的范围大大地扩充了，并且，扩充到包括整个社会的程度，我不相信你们会在种族的改良上能够有所进展。只要想一想现在所发生的情形。譬如说，我是一个少年，在牛津街上走路。我看见了一个让我喜欢的女人，我很爱她。在一个有知识的社会里，很合理的办法好像是，脱去我的帽子，对这位女士说：‘对不起，你对我发生了很强烈的诱惑，假使你还没有订婚的话，可否请你把我的姓名住址记下，并且考虑考虑是否愿意与我结婚?’可是，现在我却没有这样的机会。也许在我遇见这个女人的时候，她是一个临时的女佣，我不能同她结婚，或者她是一个女公爵，她不愿同我结婚。我特意选择做临时的女佣和女公爵作为例子；但实际上，我们中间的距离，比这个例子划分得精细得多。我们划分了许多阶级的区别，这些区别都是以收入的不平等作基础的，它们是这样的窄狭和这样的细微，以致我在英国各地各阶级的听众面前，一次又一次地说：‘你们很清楚地知道，当轮到你结婚的时候，作为一个年轻的男人或一个年轻的女人，你实际上没有从4千万人口里未结婚的青年中间，选择与你年龄相合的伴侣的可能。你最多只能从两三个人中选择，而你如果有更大的选择自由的话，则你可能选择出来一个比从这两三个人中选择出来的任何一个更为中意的人。’这是你们诸位熟知世事的人们所不可否认的事实。结果是，你们所得到的，不是一种适合于自然进化的婚姻选择，而是一种阶级性的婚姻选择，换句话说，是以金钱为转移的婚姻选择。在这种状况之下，你们之获得低级的和庸劣的传种，还有什么稀奇呢?我相信，这个道理比我所能提出的任何理由更能使人了解。我曾用这个道理，使许多不能像你们这样体会经济论证和听不进政治论证的听众们获得了深刻的印象。因此，我说：假使所有其他论证都不存在的话，那么，有一个事实却是明显的，即收入的平等可以使整个社会从其一个极端到另一极端都有互相通婚和给一个年轻男人或女人在全体人口中选择对象的权利——我说，单是这个论证，以及随之而来的种族进步的结果，就能使人信服。”[1]

---

[1] 在伦敦自由党中央俱乐部的演说：《拥护平等》（The Case for Fquality）；载“大都会”（“Metropolitan”），纽约，1913年12月，并在伦敦以单行本印行。

在我们目前的优生知识的情况下，对于这种根据一时的冲动完全自由地选择配偶的呼吁，我们或许会表示异议。可是，我们必须记得，在萧伯纳先生的前一代，佛兰西斯·加尔顿已经决定性地证明，金钱利益的动机——即萧伯纳先生所谓“金钱的婚姻选择”——造成了最优秀血统逐渐绝孕的结果。

十六、“金钱的婚姻选择”

除了加尔顿对于每代最有成就的人们在婚姻选择的偏爱上所造成的社会恶果作了统计的说明外，我们还可加上这种选择对于出生率的恶劣影响，这就是，法国农民和一般小资产阶级，为了集中仅有的小量遗产起见，所采取的独女嫁独子的选择。在英国和美国，我们看到，在富有人家中，也有类似这样的“招女婿”的趋势，以便“把钱财集中在家里”。与这种办法相同的是，重视女儿的金钱利益的父母，甚至往往不顾年龄不称、身体衰弱、意志力缺乏或智力低下等缺陷，爱挑选更有资财的女婿。在许多高等的和低等的社会圈子里，我们看到了这种选择配偶偏向的最有害的形式的表现，人们为了追求拥有资财的丈夫或妻子，竟不惜和身体不健康、不适宜结婚的人甚至和道德堕落或意志薄弱的人结婚。这种对优生有害的金钱选婚的另一面，是在所有阶级中最不顾后果和最荒唐的人们中间，尤其是在我们的大城市中无经常工作的最穷困的阶层中间（他们在很大的程度上是注定永远地互相通婚下去的），不顾利害地在那里繁殖，其结果是，在优生方面所给予社会的灾害，与那些顾及后果而谨慎的人们过分限制出生率带来的后果，并无区别。

以金钱为转移的婚姻选择对于政治的影响，当另行论述；不过格林尼有一句俏皮话，可以在这里引用一下。他嘲笑一位先生，通过与一个很有钱的工业家的女儿结婚，获得了下议院的议席。格林尼称他为

“依靠裙带关系选出的下议员”。实际上，这位先生有他在竞选中当选的理由；但是，这种偶然发生的事故，却减少不了这个讽刺射出的光芒的强度，这种讽刺是对着收入的不平等腐蚀下议院（已经有不少“依靠裙带关系选出的下议员”）并且同样地腐蚀整个代议政府制度的力量而发的。

第三章

个人自由的不平等

在资本主义国家里，还有另一种不平等现象，工人对它也许反对得更为激烈，可是统治阶级对这种现象比对收入的不平等还要更加难以理解；这就是在个人自由方面的不平等。当然，自由是一个难以捉摸的名词，有着各种各样的和互相冲突的含义。对某些思想简单的人来说，自由只是奴役的反面。对他们来说，任何不被别人当作动产的人，都是自由的。漂泊在无人岛上的失事轮船的水手和游荡在强大警察保护下的有产阶级中间的贫穷的无赖汉，都是“自由人”，因为他们“不称呼任何人为主人”。不过这种自由比起走向死亡的自由并不见得好些。在现代的工业社会里，由于没有人能够生产他自己生活上所需要的全部东西，个人自由与获得别人生产的商品和服务的能力必然分不开来。用日常生活的词句来说，个人自由实际上意味着个人购置足够维持健康的衣、食和住等方面东西的能力，以及获得足够发展其智力的教育和书籍的便利。再者，由于我们不能承认那些仅仅肉体活着的人是自由的人，所以自由还意味着有时至少可以有少许的钱来作休假和旅行、社交和娱乐以及欣赏大自然和艺术之用。事实上，我们可以下一个定义说：个人自由就是发展我们的才能和满足我们的欲望的机会之获得。葛莱韩·瓦勒士教授提出的定义是：“继续不断的主动能力的可能性。”在这种意义之下，“自由”确是一个相对的名词。那些豪富的人，即那些享有消耗他人生产的商品和服务而自己摆脱劳役的自由的人们，阻碍了一般人这种“继续不断的自发能力”的发展，并且通过吸取他们的能力和时间的方式，来扼杀这种主动性。任何穷人的自由，都是极其有限的。对于无资产的工资劳动者来说，自由的意义，除了在饥饿的边缘带着永久劳役的创伤苟延生命外，再也没有别的东西了。所以，收入方面的不平等本身，就带来了在个人自由方面的不平等。

一、“法律上的平等”

在资本主义的统治之下，我们对于表面上的所谓自由公民之间个人自由的不平等，已经是这样地习惯了，以致没有认识到，就是在我们声称奉行平等原则的地方，不平等的现象还是多么严重和残酷。英国和美国向来是以实行“在法律面前大家一律平等”的原则自豪的。可是一个人如果不付讼费的话，就是向法庭乞求公道也是不可能的（虽然政治家和有钱的人们拒绝承认这个事实），而这确在实际上阻碍了广大群众为时常受到的损害获得法律救济的机会。设立法庭的目的，就是保障人们的个人自由——使其免受殴击、盗窃、勒索、侵吞以及毁约和赖债等行为的损害。在每一个英国或美国的城市里，绝大多数的人民，从来没有以原告的身份出现于民事法庭的，这并不是由于他们从没有被人殴击过和盗窃过、欺骗过和赖过债——每个人必须知道，这些罪恶，加在穷困无援的人身上，比加在富人身上的还要经常，有时还要普遍些——而是由于他们从微薄的收入中，出不起这笔讼费，更不必说到律师的公费。但贫富之间个人自由的不平等，在刑事法庭里违反法律的控诉上，更加惊人。富人除了在杀人之类的重大案件外，通常是由传票传唤到案的；穷人在同样的犯罪案件里，则更通常地是，与往昔一样，强制地加以逮捕，并且还要押解监牢，听候提讯。在决定再审的时候，富人很容易获得保释，而没有资产的被告，则绝大部分都是押回监狱。这种手续，再加上他们的缺乏金钱，至少使他们在搜集可以证明他们无罪的证据上，或者在获得为他们辩护的支援上，得不到便利。

至于富人在聘请最干练的律师和专家证人方面，或在获得裁判管辖区域的变更和连续的再审方面，或在从一个法庭移转到另一个法庭的拖延方面，占了更多的便利，就更不必列举了。在定谳的时候，大多数的案件都是处以罚金的；这对于富人实际上算不得什么，而对于穷人，则可能对他自己、他的小营业和他的家庭带来毁灭。再就一般的违警罪法庭法官或治安司法人员来说，将那些大半不能缴付小额罚金的人们，改处一、二个星期或六个星期的拘押，是很当然的事。尽管监狱一向是人们认为毁灭犯人及犯人家属的所在，而在美国和英国，每年还是有成千上万的人被押进去，仅仅是为了他们没有能力为所犯的小罪立即缴付几个先令或几块美元的罚金，而这些小的犯罪行为，富人们却是实际上等于毫无处分地经常犯着。没有任何一种个人自由方面的不平等，比在法庭面前富人和穷人间的这种实际的不平等，还要更令人伤心；这是每一个资本主义社会的特征，也是百年以来每个法官、每个执行律师业务的人们所熟知但始终没有得到纠正的罪恶。[1]

二、心理上的反应

但由收入悬殊直接产生的这一切结果，只在物质方面解释了个人自由的问题，它还没有说明这问题的全部。个人自由，还有心理的方面，它是完全从人与人之间的关系而来的。即使是在工资劳动者获得了所谓“好收入”和固定的工作时，他也还反对一种事实，即：他像他所使用的机器一样，是作为一种生产工具而被人购买的，他的每天生活是被当作达到别人目的的一种方法。为什么他同他的阶级永远地要服从命令，而另外一个人数很少的阶级，一直要发号施令呢？就是这种把发号施令的职权集中在一个人或一个阶级手里的现象，和把服从别人的

[1] 见帕锐：《法律和穷人》（E. A. Parry：The Law and the Poor），1914。

义务相应地集中在另一个阶级的人们的现象，才造成了“富人国”和“穷人国”之间最深刻的鸿沟。高尔斯华绥先生在他所著的一本小说里，曾生动地描写过英国一个郊外别墅里的日常生活和一个工人茅舍里的日常生活的对比。富人和他的妻室儿女，早上起床的时间，随心所欲；吃的东西，也随心所好；做的“工作”和怎样去做，以及玩的玩意儿、怎样去玩，都随心所爱；他们整天的时间，都由自己的本能或冲动来支配，或者由自己的理性或意志来决定。从早到晚，他们永远是在做自己乐于去做的事。一天又一天，一年又一年，他们对别人发号施令以发展自己的个性，和使用着瓦勒士教授正确地指出的“继续不断的主动性”。至于工人和他的家属，则永远服从着命令：按照命令起床，按照命令工作并按照命令规定的方式工作，按照命令停止工作，由于被地主的命令逐出老家，只得按照租地农业家的命令住上这间茅舍而不能住到那间茅舍，按照命令上学，有时甚至按照命令做礼拜；按照贫穷救济法赈济官员的命令享受医药的救济，并且，在有些事件中，按照着命令到劳动救济院里终其一生，虽然，在英国的宪法之下，这个生命在法律上和政治上是属于自由人自己的。从早到晚——除了“休工”时期稀有的几小时外（但这几小时的休息还是付出了痛苦的代价的），“工人阶级”一直是在做使人厌烦的或不愉快的工作。在英国，所谓统治阶级（包括直接参加政府工作以外的许多人），是典型地过着发号施令的生活的阶级；所谓“下层阶级”，是那些依靠服从命令过活的人们。

三、可以服从权力的时候

任何人不要以为这些下层阶级，或拥护他们的社会主义者，甚至任何有常识的人们，是在反对一个人施权力于另一个人身上的。资本主义工业组织令人反对的地方是，富人对穷人、土地及资本所有者对依靠使用生产工具谋生的人们所发的命令的数量和种类。资本家和地主的权力是有其令人憎恶的特性的。它对于服从命令的人是控制着其终身的；它是不负责任的和不能清算责任的；它是决没有相互性的；它也不是根据执行这种权力的才能或为公共利益服务的精神来决定发号施令的人选的；最重要的是，它的企图，不是为增进整个社会的福利，而是为促进发号施令的人的个人欲望或私人利益的。除无政府主义者外，没有任何一个人反对：警察在拥挤的街道上指挥交通的权力；卫生检查员强迫将私人房屋的水管衔接到主要下水道的权力；公共卫生官员强制隔离传染病人的权力；或者，甚至收税员的缴税通知书。没有任何人反对铁路管车员所发的“请坐下”或“在此换车”的命令。所有这些命令，都是在公民生活里某种特殊场合中发布的，并且是由那些被认为适合于发布这些特殊命令的人发布的。发布这种命令的人们本身也在别人的命令之下行事的；他们对上级权力负责；他们如果作风不良，或“滥用职权”，都要受到查究。再者，他们的命令，从好的意义来看，是大公无私的，与他们个人的私利或便利毫无关联。我们对于越职的或所用方法不合的官员，可以提出控诉。我们对国家行政当局的政策可以提出反对，对议会的立法也可以表示遗憾。在服从这些命令方面，所有的人在法律面前都是一律平等的；并且所有的人都有向上级权力机关上诉的同等权利。最后，在政治民主里，受制于权力的人，恰恰就是创立这种权力的人；他们在必要的时候，也可以把这个权力推翻。他们以选民的身份，可以通过议会和当时的政府，对要求他们个人服从的一连串的命令，集体地执行最后的控制权。

在这一点上，值得注意的是社会主义者对于在20世纪颇为时髦的一句成语的解释。我们常在工人的聚会里听到说，一个人应当“控制他自己的劳动生活”。可是这并不意味着每个男人或女人在饥饿线上的工资或过度的工作时间条件下，或在最不愉快的情形下，应当自由地工作。这是资本家代工人所要求的自由。为了反对这种自由，社会主义者和有组织的工人们已经作过了一个世纪的消耗战，其中所得到的胜利果实是工厂法、矿场和铁路管理法、最低工资标准法等等。相反的，革命工人的所谓“控制他自己的劳动生活”，意味着他的工会，通过他所选举并且能够撤换的执行委员会和职员所执行的控制。这些工人的代理人的进退（对于那些仍旧愚昧地认为工会是独裁机构的人们来说，这好像是似是而非之谈），都决定于他们为选出他们的人们保持或增加个人自由的能力。工人的革命不是反对权力本身，而是反对牟利的雇主们连续不断的和毫不负责的权力。他们要问：工厂和矿场、土地和机器的所有者，凭什么有独断他们无数同胞每日生活和每周开支的权力，并且，甚至有随意断绝这些人的生路的权力？这种权力并不是从民众的选举得来的。它和掌管它的人们才德方面的考核毫无关系。在许多事例里，它甚至没有带着为它的对象谋取精神福利或物质福利的丝毫责任感。不仅在这种强迫工人服从的特殊命令跟国家的安全或兴隆之间，毫无必要的联系，而且由于命令作假和命令欺骗的事实十分普遍，时常引起两者之间很大的和显然的矛盾。从工人的观点来看，资本家和地主的权力是用来达到贪污的目的的，即增进发号施令者的金钱利益。

四、关于物质环境的垄断

没有对工资制度的组织方式作过细心分析的人，很少能够对那些支配工人生活的一连串命令的持久性和垄断性有一个正确的观念。但是有产阶级之支配劳动人民的日常生活，还不只是这些一连串的命令而已。由于更加细密的并且难以看出的财富不均的结果，出现了更加危险的一种现象，即资产阶级所拥有的、继续许多年的、支配某一个地区所有居民的（不单是工人）物质和精神环境的力量。这种力量最惊人的具体表现是乡村的逐渐“工业化”，结果是：通过用水和空气的不断玷污、草木作物的摧毁、妨害他人事件的产生和肮脏街道弄堂房屋的兴建等，形成了城市贫民窟的地区。正如我们现在所知道的，在英格兰和苏格兰的某几处最肥沃的和最美丽的地方（美国也是一样），由这种方式所产生的破坏，只有近代长期的战争所造成的破坏，才能和它相比。在和平的时候，这种由土地和资本私有制所建立和发展起来的工业中心带来的灾害，是不会被社会上一般人及时了解的。等到这种罪恶已经被人看出来的时候，整个一代人民的健康和幸福已经受到了致命的影响。那时，过了时的法律和来得太迟的规章，也许最多也只能减低用水的玷污程度，减少有毒气体和煤烟污染空气的程度，或许甚至挽救仅存的草木的生命。但是，没有任何办法可以把资本家的独裁所摧毁的生命挽救回来。闲逸的富人，是可以逃避他们的权力所一手造成的噪声、阴暗、肮脏、煤烟和臭气的；可是工人们、工业中的脑力劳动者们，以及跟随他们在一起的各种职业的从业人员和店员们，则不得不在工业和金融组织者为牟取私人利润而在无意中为这些不幸的人们决定的丑恶情况下居住下去和安顿家庭。当这些城市居民，在难得的假日里，偶尔逃到还没有被糟蹋的乡村的时候，他和他的孩子们又要受到一种新的侮辱，就是：使他的住处坏得不能安身的那班人的产业所有权阻止他们进入美丽的公园，禁止他们进入广阔的森林，并警告他们不得走进深山和泽地。最后，他在图谋自卫之中，只得被迫养成一种怪癖的习惯，就是：爱上阴森的街道、黑暗的天空和震耳欲聋的马蹄声。他所根据的原则是：你既不能爱什么就有什么，那么，你只得有什么就爱什么。

五、关于精神方面的垄断

有产阶级为了自己的私利，对社会群众物质环境的垄断，还不是个人自由的不平等所体现的最坏形式。牟利的资本家，到了我们的时代，又决定着我们的精神环境。谁能估计出那些从四面八方围住我们的、不断重复的广告，对我们思想上的影响有多大呢？再者，支配着广大人民娱乐的性质的，也是资本家。酿酒厂和蒸酒厂替我们开设了酒铺；控制音乐厅和电影院的资本家们，也许可以和萨尔顿的福来杰〔一个苏格兰的作家——译者注〕同调地说：只要他们能够供应歌曲和影片，就不理会谁是法律的制定者。但是，资本家垄断我们思想的最惊人的也许是最毒害的例证，是现代报刊的私有制。在这方面，我们甚至受着资本家的双重控制：第一，是一系列的月刊、周刊和日报的豪富老板的专制控制；第二，是在这些报刊上登高价广告的大富户的控制。现代报纸巨额的经营费用，加上豪富广告户对于反对资本主义制度（即使不是反对该户赖以发财的特种营业）的报刊拒绝支持的自然倾向，就使无产阶级的工资劳动者即使合作起来，也几乎不可能在英国或在美国刊行他们自己的、在销路上和影响上足以与豪富老板的报纸相比拟的报刊。这样，广大人民便十分不可能保障自己不受畅销报刊每天向他们所倾注的无数的暗示，带有偏见的报道和腐蚀性的新闻的影响。[1]

最后，还有生产工具所有者和组织者，利用他们的资财，对城市政府和议会机构的工作的阴险控制。

六、在政府方面的垄断

关于这种控制，报纸老板的直接权力——它在英国强大到可以捧出一个首相来，在美国，不只是能够捧出一个总统来，并且还可以选定他的主要部长——只是一个最显明的例子而已。近几十年来，大金融的、船舶的、工业的和商业的合并和联合起来的集团，在金钱的力量像

---

[1] 关于记述美国和英国报纸和它们幕后的资产阶级对于人们精神环境和对于中央与地方政府所施控制的情形和程度，读者可参阅诺曼·安吉尔：《报纸和社会组织》（Norman Angell：*The Press and the Organization of Society*），1920；和瓦尔太·李普曼：《自由和新闻》（Walter Lippman：*Liberty and the News*），1920；及《公共舆论》（*Public Opinion*），1922；李普曼本人是纽约一家大报馆的编辑；另方面，从新闻记者的切身经验所作的比较悲惨的叙述，可参见柏乐克：《自由的报刊》（Hilaire Belloc：*The Free Press*），1918；及辛克莱：《铜牌》（Upton Sinclair：*The Brass Check*），1919；关于现代报纸经营的技术方面，可参见，狄布里：《报纸》（G. B. Dibblee：*The Newspaper*），伦敦，1913；和季芬：《报纸的经营》（John La P. Given：*The Making of a Newspaper*），纽约，1913。

布仁诺司〔Brennus 古代欧洲北部高卢人（Gaul）的一个首领，于纪元前390年侵入意大利地区，并掳人勒赎。当秤付赎金数量时，他往往把他的剑加重天平的一边。——译者注〕的剑那样举足轻重的条件下，对于选举和立法机构、中央和城市行政当局的影响，已经是臭名昭彰和骇人听闻的了。我们认为，工人阶级，就是由于怀疑和发现了大大小小的财产所有者和利润牟取者在中央和地方政府方面普遍的强制的领导，所以才突然地和很快地丧失了对这些政府机关的信任；这个原因，比任何其他原因还要重要。而且，不只是在英国如此，在欧洲大陆和北美各国普遍都是这样。不幸的是，就联合王国来说，世界大战的一个令人愤恨的特征是，这种资本主义的控制，已经在中央行政当局方面发展到前所未闻的地步。英国的工人感觉到，把各政府部门暂时移交给有关企业集团的主要代表掌握的措施，和无耻地利用这样获得的势力来促进该企业私人利润的活动，说明了国家的地位已经降到做利润掠夺者的女仆和帮凶的最后阶段了。

七、为资本家服务的脑力劳动者

在资产阶级社会里，资产阶级对物质和精神环境逐渐地和自动地形成的控制（这些控制的形成，只是追求私利附带的结果，并不是有意识的目标，正像追求食物的羊群在牧场上的践踏所造成的损失一样），使资产阶级无孔不入的统治的工具，特别地显露出来了。比较无知的体力劳动者对于职业的脑力劳动者的存在所抱的那种根深蒂固的仇视，并不是完全由于一个小工所怀疑的一个问题发生的；这个问题是：在一间幽静的房间里，坐在火炉旁边一把舒适的交椅上的人，是否真在做工作——这种工作比那种做了3小时或4小时后就会感到饥饿或疲乏的工作轻松多了。很多工人已经有了足够的教育，使得他们有了更好的认识；另有一些工人所从事的职业，是与金融家或数学家一样地安坐不动，甚至还显出更不活动的样子。他们之所以带有这种偏见，可以用下述理由（假使不是辩护的理由的话）来解释：在每一个资本主义的国家里，脑力劳动者都被吸引和被经济迫使去为资产阶级服务了。从历史方面来说，这些职业都是作为统治阶级的雇佣而随时出现的。在近代工业制度里，他们很自然地是为生产工具的所有者服务，因为只有这些人才能保证给他们的大多数以一种安定而又优裕的生活，并且给予爬到“有产阶级生活”的某些希望。于是，律师、工程师、建筑师、有理财和行政能力的人、公务员、作家和新闻记者、中等学校以上的教师、整个的经理阶级、发明家，甚至艺术家和科学家——连同长期为穷人作慈善服务的医务界和牧师，甚至专为广大群众的儿童而效劳的小学教师，也不能完全例外——都几乎无可避免地被雇用来有意识或无意识地维持和保卫现有的社会秩序，而这种社会秩序的基石，便是生产工具的私有制。因此，全世界的体力劳动者，把在资本主义制度里训练出来、为资本主义事业服务的脑力劳动者，而不是把科学、艺术或宗教（像时常被人们无知地断言的那样）当作和“游惰的富人”一样的“人民的敌人”，又有什么奇怪呢？但是，这还不是问题的全面。脑力劳动者本身，尤其是那些工资很低的和社交隔绝的人们，已经对豪富的人们和豪富的阶级在国家政策上和民族文化上的强迫指导，开始进行了公开的反抗。脑力劳动者，作为学校教师、市政官员、公务人员、科学工作者、新闻记者和编辑，有时甚至（特别是在美国，德意志帝国也是一样）作为大学讲师和教授，他们发现到他们的思想和言论自由已被解职的恐怖（或者，无论如何，被丧失升级机会的恐怖）所扼杀了，假使他们胆敢反对有势力的雇主的政党或金钱利益，甚至反对当时所有富人依附的社会组织原则的话。再者，在大多数国家，大多数有权力的和肥美的位置，还是经由行政的门径或个人的势力，习以为常地保留给具有脑力劳动者的资格而同时属于靠占有或组织生产工具为生的阶级的那些人，不管他们在所分派的岗位上，技能怎样低劣，或对社会作出最高贡献的能力怎样缺乏。就在这一点上，我们发现了现在各国实际上所有脑力劳动职业界动荡不安的基本原因，在许多情况下导引着这些职业青年走向参加社会主义运动的道路，甚至现在还导引着许多职业组织同工会、工党和社会党提出共同的主张，借以反抗资产阶级的统治。

八、自由主义为什么衰亡？

我们可以认为，上面的分析偶然也揭发了许多号称“自由”的政党普遍失败的根本原因；这些政党十分典型地象征着19世纪欧洲各国的进步思想——特别在资本主义无阻碍地发展到最高峰的时候——以致还想在20世纪里保持它们对于现在已经有了政治觉悟的工人阶级的号召力。就政治上的自由主义者来说，个人自由实际上意味着资产所有者的个人权力；正像政治的进步意味着大小资产所有者的权利，脱离了封建的、教会的和行会的束缚而根据“他的所有”——他自己所有的土地和资本，以及他自己的个性——为所欲为一样。直到今天，这种毫无悔悟的自由主义者还拒绝承认——甚至不能使他了解——一个真理，就是：正如我们已经指明的，在现代的工业国家里，凡是脱离了生产工具的人，甚至不能过他自己的生活，更谈不上根据自己的个性而为所欲为。甚至对于不是资本家的政治上的自由主义者（如青年律师或医师、艺术家或著作家等）来说，工人受人雇用在性质上就是“工资的奴隶”这一观念，也是难以理解的东西。相反的，他好像认为无资产的从业者之受人雇用，并“没有称任何人为主人”，只是从一连串的顾客那里赚取费用来维持自己的生活，而没有特别依靠任何一个顾客来谋求生存——他认为这种种的情况构成了这些光荣职业最完备的条件，就是，完美无缺的自由。这些甚至受过高等教育的自由主义者所未能了解的是，无论过去的情形可能是怎样的，工业革命已把职业生活的自由，变成为手艺人或工厂技工、工人或职员所不可能有的东西。普通体力劳动者或低级雇员，由于对他所赖以赚取生活费用的生产工具或复杂的工业或金融组织没有所有权，从而对它们也没有控制权，并且由于从许多顾客那里陆续收得的酬报又不够维持他自己的生活，于是为了吃饭起见，不管愿意与否，都不得不投身于一个老板的麾下；至于这个老板对于他的责任，他不能过问；老板的命令，他必须服从；老板的利益，他必须保护；事实上，老板占有着他，并且，在他大部分的生存时期中，用他来达到与他自己没有关系的目的。他不能选定他将要居住的地方，也不能挑选他的孩子们行将成长的环境。他发觉，他的娱乐甚至他所能看到的书报，都只能在有利于资产阶级金钱利益的范围内供应。他好像感觉到，几乎每一个职业的脑力劳动者，都是被雇用来反对他本人和他的阶级的。通过这种对于他的劳动生活和他的空闲时间、他的物质环境和精神环境的控制，无资产的体力劳动者或脑力劳动者——虽然知道他和他的伙伴构成了过半数的选民——发现，即使有了最普及的选举权，事实上他也不能控制他本国的政府。因此，即使他已经取得了有投票权的公民权，自由主义所给予他的自由也好像只是一种虚伪的东西。他发现，自由主义的信条，既不了解资本主义制度使绝大部分工业社会陷入其中的那种奴役性质，也不了解工业组织里应用民主主义首要原则的需要。而这种了解，正是社会主义的真谛。社会主义者的使命，就是要摧毁资本家的独裁。并且，既然那种独裁是每个工人从出生到老死一天也不能忘记的冤苦，那么，在他开始把政治联系到他个人问题的时候，在他看出他的一票是具有政治力量的工具的时候，他就自然地会走向社会主义。

九、自由主义者为资本主义所作的辩护

真诚地为资本主义辩护的人们，在实质上是承认这个批评的真理的；但是他回答说：没有私人利润的潜在的刺激，工业革命也许实现不了，现代文明所依靠的商品及服务方面生产的巨大增加，也可能无

法获得。不仅如此，在17世纪到19世纪之间的时期中，甚至在最先进的国家中，没有实际上可以代替资本家独裁制度的东西。财富和个人自由的不平等现象本身，好像还有它自己的一个经济上的优点，足以冲淡它在社会方面的缺点，并且财富和个人自由两者的远景，正是鼓励和刺激人们的因素。正如一位当代的经济学者恰当地说的，在19世纪的过程中，“欧洲在社会主义和经济方面的组织，已经做到可以保证资本的最大限度的积累。当人民群众的日常生活正在继续地有所改进的时候，社会的组织已经做到使增加的收入的大部分归入到那个最少可能消费它的一个阶级的掌握中。19世纪新兴的富人，不是在巨大开支的生活中成长的，他们喜欢从投资中得来的权力，胜过从立时花费中得到的愉快。事实上，正是财富分配上的**不平等**，才使固定资产的和资本增加方面的巨大积累成为可能，而这两者又使那个时代不同于其他所有的时代。事实上，这正是拥护资本主义制度的主要理由。假使这些富人曾把新得来的财富花费在自己的享受方面，这个世界便早已成了一个不能忍受的局面了。可是，他们像蜜蜂一样，从事节约和积累，这对整个社会是有不少利益的，因为他们在自己的远景中的目标是很狭小的。

“在世界大战以前半个世纪中建立起来的、对人类有巨大福利的固定资本之庞大积累，是把财富平均分配的社会所永远不能做到的。在那个时代建设起来作未来的纪念碑的全世界铁路，它不亚于埃及的金字塔，乃是不能将全部努力的果实自由消费于直接享受而结晶起来的劳动创作。

“就这样，这个惊人的制度，就依靠着双倍的恐吓或欺骗而成长起来。一方面劳动阶级，由于无知或无力，或者由于被习惯、成规、权力及社会上现存的秩序所强迫、说服或欺骗，而接受了一种情况：在这情况之下，他们与自然界及与资本家合作生产出来的一只饼，其中只有极微细的一小部分，可以说是他们所有的。另一方面，资产阶级可以宣称这只饼的最好部分是他们所有的，并在理论上也有消费它的自由，可是这里还隐藏着另一个无明文规定的默认条件，就是，他们在实际上只消费其中很少的一部分。‘节约’的义务变成了道德的十分之九的成分，而饼的增长，便变成了真正宗教的目标。环绕在节约饼这一点上，就产生了清教徒主义的一切本能；这些本能，在另一个时代，早已把这个世界置之度外，并且把生产和享受的艺术荒疏了。就这样，这个饼就增大起来；可是究竟为了什么目的，人们就没有加以清澈地思索过。”[1]

对于这种 19 世纪的资本主义所作的坦率而又现实的辩护，我们不需要表示反对。当然，资产阶级分子不是将他们从国民收入中分配到的巨大数量的全部，或者甚至很大的一部分，年年节约下来，转化为新的财富生产的工具；作这样用途的，只是他们收入的一小部分而已——在 19 世纪的联合王国，还不到四分之一！并且，在这四分之一中，投资于助长罗斯金所谓“病害”——暴食、奢侈、浪费和腐化——的生产工具方面的，又占了多大的一部分呢？因为，在资本主义的统治下，财富是拿虚拟的货币来计算的。但是，我们可以大胆地承认说，资本主义的独裁尽管有它的一切缺点，仍获得了初步的成功。它提供了商品。它创造过不断增产的、有高度效能的机器。并且，它带来的社会方面的结果，虽是那样地丑恶，我们也许可以承认说，直到某一个时期为止，总结起来，它的优点是超过它的缺点的。关于这种初步的成功，我们将在下一章加以讨论。

[1] 凯恩斯：《“和约”的经济结果》（John M. Keynes：*The Economic Conscquence of the Peace*），1920，第 16—17 页。

第四章

资本主义制度的初步成功

我们可以想象得到，有些读者对于以上关于近代工业制度带来的罪恶的叙述，会感到不耐烦。资本主义商业企业的开明的支持者将控诉我们，说我们犯了煽动者的共同错误——只集中注意于现在秩序中的黑暗面，而不计及它的成就，也没有顾到所有的品质和所有的成功都有其缺点或不够的地方这一事实。赞成资本主义牟利者独裁的哲学家会感觉到，我们的批评，只集中在他可以承认的两点上面，即：财富分配的不平等和商品及服务方面消费的不科学。但是，他要反驳说，商品和服务必须首先生产出来。他可以公正地辩驳说：穷人的贫困，资本主义社会中收入和个人自由方面的不平等，资本家利用他的地位和财产来实现其在环境上的控制和在国家政策上的强制领导，就其属于罪恶的范围来说，也只是一件更大的好事中偶然发生的事件[1]；它们可以在资

[1] 值得注意的是，资本主义文明最巧妙的辩护人都为工业的企业主、组织者和领导者的利益作辩护；都对所有权以征收租金和利息的方式攫取贡物这种事实，缄默不提，并对所争论之点静悄悄地肯定说：除了将私有财产的观念应用到生产工具上以外，没有别的方法可以获得企业主、组织者或领导者的服务。所以替资本主义制度辩护的一位能干的美国作者说："土地、资本和劳力，只是在作为那些领导和负责进行生产的人们的工具这种意义之下，才能说是生产的因素。唯一真正的生产因素是企业主。纯粹的租金、纯粹的利息和纯粹的工资，是企业主为获得控制和利用这三种因素的权利起见，所必须付出的代价……把脑子里的血液注到那些只能接受相等于脑子所容纳的十分之一的血液的其他部分，对人们身体是无益的，同样，任何收入平均主义，如果要使社会中效能较高的成员减少他们尽量利用他们的生产能力的刺激，或削弱他们适应于所担负的重要职责——即作为企业主、生产机会的发现者和支配者以及资金积累者的职责——的能力和阻碍他们顺利完成这种职责，那么，就会产生得不偿失的结果。"（豪雷：《企业和生产的程序》(转下页)

本主义制度内，用适当的改革来挽救；从资本主义牟利者的企业为国家财富和国家力量所直接带来的巨大增加方面得到的社会利益，与这些罪恶相比起来，则在任何情形之下，都是微不足道的。对于这样一种人，好像最主要的是，把生产工具这样地组织起来，使之不断发挥最大的效率，达到最高限度的生产量。他们认为，商品和服务的这种不断增加，是区别进步的文明和停滞的或退化的文明的分界线。他们肯定，在财富的生产上，这种数量上、质量上和品种上的不断提高，只有在激发人们不断的主动性、勤勉、毅力、勇敢的冒险心和节俭的美德等条件下，才能获得成功，而人所共知的唯一的刺激就是金钱的利益；这就要使这些人获得无限制的企业自由，但有一个条件，即如果他们运用这种自由时遭到失败，则他们就要受到个人的经济损失；因此，人所共知的唯一的巧妙办法是：生产工具私有制与它们的组织权和行政权结合起来。

一、问题的症结

如果我们不了解，在这个争辩里，资本主义制度的辩护人同 20 世纪工人运动及社会主义运动的交锋，是在问题的症结上面进行的，那

(接上页)〔Fred. B. Hawley：*Enterprise and Productive Process*〕，1907，第 85，122—123 页）。

“利润是被当作收入的一种特殊形式，与租金、工资或利息有基本的差别，并且有与后者并列为在理论上具有同等（但只是同等的）重要性的一种基本形式。在土地、劳力和资本的固定要求被满足后，它也被当作与‘产品的剩余’一样的东西。它又被当作是企业主特有的收入，而企业主就是所谓‘土地、资本和劳力的调配者’，可是在他自己的能力上，却不能提供这 3 种东西的任何一种……经济的企业主特有的功用是，对工业的措施负责……严格地说，一个调配者不只是做计划，并且是内行地执行一个计划，这两者可以并且也时常由两种不同的人来进行。执行的人，在执行原订计划的时候，必须安排细节，这就产生了他必须做的相当数量的详细补充计划工作，不过他在经济的生产过程里的功用，普遍都认为是一个劳动者，他所获得的收入，普遍都当作是一种工资……调配人只在他对他自己所调配的工作结果或对他人所调配的工作结果负责的时候，才变成利润的获得者……假使说，这个调配者专门为调配的结果完全负责，调配的风险由他当，调配的利益由他得，这种人就是我所谓的‘企业主’。”（同上书，第 11—13 页）。

但是，这种说法，还漏掉了一点，没有辩明约翰·穆勒所叙述的（《政治经济学原理》〔John Stuart Mill：*Principles of Political Economy*〕，1865 年版，第 477 页）“工业生产工具所有者从产品中攫取的巨大部分”，即付给那丝毫不起作用的股东和地主的租金与利息。

么，我们对于双方意见的冲突，是不会了解的；对于双方的立场，也是不会公平看待的。存在于社会民主主义新秩序的信徒与资本主义制度最开明的拥护人之间的现代争执，事实上，是环绕着两个症结问题：牟利动机的效力和必要性，以及其缺点；将全国土地、机器、劳力及智慧的控制权交给牟利的工业家、商人或金融家这种办法对于整个社会相对的好处和害处。

二、牟取利润的性质

什么是牟取利润？牟利者的使命是什么？

根据经济学者的说法，牟取利润是使“人类天性的某种倾向得到满足，即拿一种东西换取另一种东西的做交易的倾向”。它是古代市集中各种商品或服务的个体生产者间盛行的计较锱铢习惯的自然发展。这就是，一种商品的生产者，运用讨价还价的艺术，不只是将他所生产的剩余物品换取他所想要而又自己不生产的物品，并且将这个交易做得使他自己占到最大的便宜，因而可以拿出较少劳力制成的产品换回较多劳力生产的货物[1]。正如亚当·斯密所正确地观察到的，讨价还价的方法是兽类的一种取而不舍的方法的显明进展。他写道：“没有任何人曾经看见过一只野兽，用它的姿势和天然的叫声向另一只野兽表示说，‘这是

[1] 泰戈尔爵士在向日本学生的一次讲演里，曾将一位东方哲学家对于西方商业精神的批评告诉我们：“你们在日本已有你们自己的工业；它是怎样地笃实透顶，你们可以从它的产品看得出来——从产品的秀丽和牢固，以及那种难以觉察的细致中可以看出来。可是，虚伪的浪潮，已经从世界的另一角落横扫你们的国土了；在那部分的世界里，生意就是生意，而诚实只不过当作一种聪明的手段来奉行。当你们看到这种商业广告时，看到它们不只是用谎言和夸张之词涂污了整个城市，并且侵入了农民诚实劳动的绿野和迎接那纯洁晨曦的山巅时，你们曾否感到羞耻？……商业精神及其丑恶装潢的野蛮面目，是对整个人类的威胁，因为它正在用权力的理想来代替完美的理想。它使自私自利的邪教厚颜无耻地在那里狂欢……它的行为是粗暴的，它的声音是不和谐的喧哗。它正在进行着它自己的该诅咒的毁灭，因为它正在把它所立脚的人类践踏得畸形怪状。它正在牺牲幸福来拼命赚钱……当前欧洲文明的致命野心，就是要独占这个妖魔”（《民族主义》〔Nationalism〕，第85—86，129，128，82页）。

我的，那是你的；我情愿拿这个来换取那个’。”一只狗夺去了另一只狗的骨头以后，是会立即带着骨头逃开的。西方的旅行者，看到了东方市场里的讨价还价情形，就不免感到这种方法与骗术实在难以分辨，所谓骗术，就是用欺诈而不是用武力来取得某种东西的艺术。这种分别，好像是程度上的不同，而不是性质上的差异。我们现代的著名印度诗人和哲学家，看到西方文明里金钱、股票、商品及劳力市场中资本主义牟利者的大规模交易，发现他也有同样的“思想上的搞不通”。[1]

资本主义牟利者的交易，与个别生产者以货易货的交易不同的地方，就在于牟利者不是只用或主要用自己的劳动成果来交换，而是用无数其他人们的劳动成果来交换。因此，他的交易是双重的交易：他首先以最贱的价格购买到别人的劳力或劳动成果，然后以最高的价格出卖他收购的商品或服务。正是资本主义企业里的这种因素，被人称为“对劳动力的剥削”，或者更新近一点的称呼“投机活动”。资本家主要是在他购买别人的劳动所付的代价同他在世界各市场里出卖别人劳动成果所得的代价的差额上，来获取利润的。资本主义牟利者，除了牟利的功用外，还可以加上（往往也加上）其他的功用，如组织（并且有时也指导）农业的、采矿的、制造的、运输的、银行的、堆栈的或销售的技术过程。但是，这一切工作，尤其是在充分发展的资本主义制度下，都可以并且越来越多地由支薪给的从业人员来担任，这些人本身并不是牟利者，只是一种高级的工资劳动者，在买卖两种行为的差额中，并没有个人的利益。

三、牟利的活动是怎样发生的

我们必须一直记着，牟利的活动，作为对工商业领导人给予酬报的

[1] 纳沙 · 西尼尔认为：“政治经济学的首要真理。”是“每一个人都想以尽可能少的牺牲，换取个人的财富。”

一种方法来说，并不是出于恶意的。它的本意并不是要产生穷苦的群众。它的主旨并不是要削减个人的自由及导向阶级的压迫的。它甚至不是计划建立一个凭所有权过活的世袭阶级的。牟利活动所必需的经济制度——生产工具方面的私有财产制和这种工具使用方面的自由经营制度——是由18世纪与19世纪期间的英美政治家和立法者在获得经济学家的赞同后维持和加以发展的，因为这些人们诚心相信，工业家、商人和金融家的无限制的牟利是增加国家财富的最有效的方法[1]。在英国历史的任何时期中，统治阶级最有识见最有公益心的领袖们和顾问们的判断，从来没有像他们对于18世纪和19世纪工业革命的喝彩，表现得那样一致。最有学问的哲学家，最进步的政客，最开明的作家，都以各种不同的方式，重复以下一系列的武断的命题。这些命题，在他们心目中，构成了一连串的推论，而在美国，则已变成这样不辩自明的定理，以致大家习以为常地奉为金科玉律了。社会的幸福，有赖于它的财富；国家的财富，有赖于它每年产品的维持和增加；这种维持和增加的最好方式是，让每个人用他自己的方式尽可能使自己致富；个人致富的最快的途径是在自由市场里的牟利活动；所以，个别资本家无约束的牟利活动，是获得国家福利和快乐的最好方式。[2]

资本家的这种辩解，在提出的当时，是有其充足的理由的。甚至现在的社会主义者，还很容易忽略牟利者是生产财富的一个因素这一有力的论据，而集中攻击关于国家的福利和幸福要依靠全国生产的实际增

---

[1] “财产私有和个人竞争的制度，不是建筑在盲目的传统主义或阶级压迫上，而是建筑在所有进步人类获取他们社会实利的和机动地适应千变万化的社会需要的经验上面的”（史克尔顿：《社会主义：批判的分析》〔Skelton：Socialism：A Critical Analysis〕，1911，第45页）。注意这里面不能和不愿区别“财产私有”和“生产工具的财产私有”的地方。看来好像是一种似是而非之谈，社会主义者的主要目的之一，就是大大地增加“私有财产”的数量，不过是把它集中在与制度相适应的某些财产形式中而已。（见维伯夫妇著：《大不列颠社会主义共和国宪章》〔S. and B. Webb：A Constitution for the Socialist Commonwealth of Great Britain〕，1920，第340—347页）。

[2] “问题还是一样的，‘怎样使一个国家“尽可能”地富足起来’，但是，既然现在的答复是‘使它每个成员，按照他自己的方式，尽可能致富’，则政治经济学的旧方法中教导政治家们怎样去‘为人民提供富裕的收入和生活资料’的那个部分，便差不多化为乌有了”（薛特维克：《政治经济学原理》〔Sidgwick：The Principles of Political Economy〕，1883，第18页）。

加这一假定。社会主义者，面对着资本主义的工业组织在世界各地各种情况下所产生的实际后果——穷人的贫困及其在“生命、自由和幸福的追求”方面极大的不平等——发现一个最便利的论据是：社会的福利，只是在很小的程度上依赖于每年产品的数量，而在绝大的程度上是依赖于这样生产出来的商品和服务的有效分配和有效消费。的确，有些社会主义者甚至走向极端地否认生产力的增加是人类幸福增加的必要条件。他们认为：英国或法国、澳大利亚或美国目前的全国产品，假使平均地分配和有效地消费起来，是足够保障这些国家的人民正当消费之用的。这却不是我们对这种情况的看法。

四、牟利动机的效力

我们认为，现在商品和服务的成果，与参加生产的人们所作的努力和牺牲比较起来，是小到了悲惨的程度；并且认为，假定没有过度的劳动，又有足够的空闲来发展公民生活的话，则商品和服务的每一次增加，如果分配平均和消费合理，也许还意味着每个公民得到更多的个人自由和人类的进步的发展。但是，社会主义者，在断言增加的生产力是不必要的或不应有的时候，他是没有针对反对他的论点的。资本家反驳说：除非工业的组织者可以通过牟取利润的过程来取得报酬，并且允许他享受这样得来的一切利益，那么国家现有的财富甚至也不能保持；并且，这种财富将会削减得如此的容易和如此的迅速，以致整个社会将很快地临到饿死的边缘，“财富的不平等”，美国一个批判社会主义的人总结说，“等于在企业上、在工业上和在节约上的差别，若要把它拉平，就要付出这样的代价，就是使生产瘫痪，使整个社会陷到一种平等的悲惨境况中”[1]。“利润的牟取”，一位英国大资本家告诉我

[1] 史克尔顿：《社会主义：批判的分析》，第58页。

们说，“决定着劳力是否用得适当，或材料是否用得正确。 人们对他们所不需要的东西是不会付出代价的，另一方面，对他们不能赚钱的东西也不会继续供应的。 这样，我们就在利润方面找到了商业开支在经济上是否正当的最后理由。 每一种交易，都要在赚钱或蚀本的砝码上加以权衡，并且，除了试验性的、教育性的或慈善性的事业以外，没有任何一种商业企业能够违反这个指导原则而能永久地成功或有用”。[1]

有资格的商业观察者，没有任何人否认牟取利润的活动在激发和诱导牟利者的努力方面是具有效力的。 对于所追求的目标的摇摆不定，也许是意志瘫痪的最普通的原因；它会使得人们在事业的执行上缓慢前进，并对事业的方向犹豫不决。 我们可以承认，金钱的利益——在交易结束时比在交易开始时你口袋装有更多的钱这一事实——是实际上尽人皆知的目标[2]。 金钱利益的动机，是普通人都能活生生地感觉到的；它也常在智力欠缺的或衰退的人们中出现，有时是变态地出现；它甚至可以在许多有声誉的艺术家和有些科学家身上发现。 再者，在牟取利润这种职业里，成功的试金石就是所追求的目标是否已经达到。 做了百万富翁的成功的牟利者，每次在满足了他的欲望、增加了他的利益的时候，都提高了他所享有的声誉，即他在商业同行中由于财富而得来的声誉。 “好”的生意，意味着大的利润；“坏”的生意，意味着小的利润；至于破产，则不论是怎样无辜地遭到，都是耻辱的表示[3]。

---

[1] 布思：《伦敦人民的生活和劳动》（Charles Booth：*Life and Labor of the People of London*）第2辑，“工业”，第5卷，1903，第77页。

[2] “资本主义的经济活动，从头到尾，就是一笔金钱。 结果，计算就成了资本主义精神的一个重要的因素，这是资本主义历史早经承认的。 所谓计算，我的意思是指通过数字来思考宇宙间的一切，并把这些数字转移到一种严密的收支制度中去的趋向、习惯，也许还可以说是一种能力。 不用说，这种数字一直是表示一种价值的；而整个制度的作用，则是表明这些数字的结果究竟是正的或是负的，因而指明这种事业会带来利润，或者会带来损失。”（桑巴特：《资本主义的本质》〔Werner Sombart：*The Quintessence of Capitalism*〕，1915，第125页）。

[3] “什么时候我们说是完成了一件成功的生意？ 这当然是在生意合同很好地结束的时候。 但是，准确地说，什么意味着‘很好’？ 它当然不是指授受的商品或服务的质量或数量；它所指的，只是并且完全是花去的本钱的收回以及超过这本钱的剩余数目（利润）。 企业家的目的，就是操纵他所控制的各种因素，借以带来这种剩余。”（桑巴特：《犹太人和近代的资本主义》〔Sombart：*The Jews and Modern Capitalism*〕，1913，第161页）。

当我们把商业界与自由职业作比较时，我们便认识到这种分析的真理。一个大律师、大外科或内科医师或大土木工程师，从他收入的巨大数量和财产的迅速增加上，也许可以感到内心的十分满足。但是在他同行的心目中，他的声誉不是靠着他银行存款的多少，而是靠他工作的质量来决定的，无论是他作为顾问或是作为法官；无论是在诊断方面或是在治疗方面；无论是在他所承办的工程的复杂性上或重要性上。正是追求的目标的这种单纯性和一致性，以及其被公认为是成功的试金石这一事实，才把利润牟取者从一个乱抓新目标的昏头昏脑的人，变为一个运行无阻的老是重复一套工作的自动机器。但这还不是问题的全部。牟利的方式还要求人类一切较原始的和较庸俗的情欲来帮忙：获取财物的本能，斗争或支配别人的本能，为妻子和儿女谋取安全或有特权的位置的本能。再者，牟利方式与遗产法律的结合，又带来了所有文明的本能中最坚强的一种本能："成家立业"的欲望，就是：保障子孙后代永远靠所有权生活的权利，因而使他们摆脱依靠能力或勤劳的需要。所以，资本主义制度的赞成者有理由断言：牟利的方式就是一种点石成金的仙术，可以用不断的和集中的努力，从抛入冶炼炉里的智力最愚钝的、品德最卑鄙的原材料中获得最大的产量。从来没有一种职业，能够像这样吸收和转变它的从业人员。用一句美国人的话来说，所有一切"普通俗人"的凡庸的本能、冲动和才能，都被用来"分路并进"，指向一个既定的目标。由于聚精会神在这一个狭窄的问题上，那些非如此便不会显赫的人们，就变成了先知先觉和预言家，养成了一种近乎兽性的"市场嗅觉"，能够以惊人的准确预言遍及各大洲的、各民族的、各式各样的企业哪些交易将是——如他们所说——"合算"的。再也没有哪一种效率比成功的牟利者的效率还要更大。在所有的专家之中，他是最十全十美的人物。

为对亚当·斯密和他的直接追随者公道起见，值得我们记住的是，牟利方式的效力，在资本主义制度的初期比在今日大得多。这是有一种很好的理由的。在大规模的股份企业兴起以前，尤其是在现代的合并和托拉斯制度兴起以前，利润的牟取者还是一个自由行动的人，他不称呼任何人为主人。他不等待任何其他的人作出决定，就能采取迅速的行动。假使他因智力上或品德上的缺陷而遭到了失败，他只有责备他自己，并且他也懂得这一点。假使他获得了成功，则所有的利润和所有的声誉，都是属于他的。他整天整天地在这种一方面是赤贫的地狱另一方面是巨富的天堂的意识中工作。假使我们来想一想现代股份银行或铁路公司的经理，或者典型的世界性托拉斯有薪给的代理人的生活，他们一方面是服从董事会，即按照公司法的规定、稽核员的要求和全体专家们的技术需要，以及与各联盟或联合公司所订立的合约，负责执行并完成他的一切确定的职责；另一方面是薪金的保障，不负一切损失的责任，和一直享有的离开这个公司转到另一个公司的权利，我们便可以认识到工业革命时期脑力劳动者的动机和企业主的自由，是比资本主义建立并发展以后的时期优越得多了。

五、“致富的捷径”

这样，我们就必须承认资本家所提出的一系列辩解中的一点是正确的，这就是，“个人致富的最快捷径是牟取利润”。我们还可以补充说，这一条捷径是对大家公开的，不管他们是福特或是福莱奇毕斯，只要能够专心一致地去追求它，而不是十分“不认真”，以致自己的心力被非自私的利益所分心。并且，牟利的效率，作为达到某一目的的手段来说——这是社会主义者所面对的一个铁的事实——不只是可以从观察牟利者的特征方面，并且可以从牟利活动的统计结果得到证明。在工业方面采取了最完备的资本主义组织的国家，都有着最富有的大富翁和最大的靠所有权生活而不是靠劳动生活的富人阶级。假使私人的财富是国家财富的试金石，那么，我们在接受资本家的辩解方面，已经前进了很大的一步了。

但是，牟取利润者并不是在真空中工作的。他是由他在其中活动的政治、社会和经济环境所造成的，并且又反过来造成这些环境。我们现在必须移转我们的注意力，来考察一下这些环境的性质。

六、资本主义的环境

在历史研究中最令人感到兴趣的是，追溯人类由于适应新的环境而出现一个新的类型的过程；观察这种原始亚种的个人为了反抗敌对的保守力量，进行共同自卫，而结为一个集体的情形。假使这个集体，在它的防御方面已经获得了成功，那么，它就立即转入公开的攻势。它在被人们承认为值得尊敬的职业之后，便企图改变社会的和政治的制度，以便为这种新职业的推行获取新的园地。例如，我们看到大不列颠现在的医务业，是起源于中世纪被人看不起的药铺和理发外科医师店（barber-surgeons'shop）的；在 17 世纪和 18 世纪，通过特许的学会和公司走向组合的影响，就形成为一种自治的职业；然后，逐渐侵入到 18 世纪末期的医院体系；最后，通过 1858 年的“医务法”和“全国医学会”而取得现在的地位；并且由于公共卫生和体育以及医药登记和国民保险等的不断扩大和发展，这种地位巩固起来了。今天可以说一句不算过分的话，人数相当少的大不列颠医务业，在行政机构和立法咨询方面所运用的权力，甚至比正式定为国教的安立甘教会所运用的权力还要大些；在指导社会和种族的命运上，它的暗藏的权力，可以和具有同样势力的法学界媲美。

七、资本家的出现

但是，医务业的得势——就整个医务界来说，也许由于没有个人财富的巧取豪夺伴随着它的缘故——同 18 世纪和 19 世纪时期现代工业国家里资本主义企业家兴起而占据支配地位的那种情况比较起来，并没有那样的革命理想和政治光芒、浩大的气派和动力。没有被社会所承认的牟利者或“新兴的资本家”，最初是以他的时代的反叛者出现的；他们高举起个人自由的旗帜，打倒现存的惯例、制度和教条。他们的革命热情产生的原因，至为明显。正如我们已经叙述过的，牟利者的职责，一直是以最低的市场价格买进，以最高的市场价格卖出。很明显，他的第一个要求是通向国内外市场的自由，不论为购买原料也好，雇用劳动力也好，或者出卖成品也好。在18世纪初期的英国，这种企业的自由，是受到来自四面八方的障碍和阻塞的。因此，原始的资本主义牟利者阶级，便在议会里、大学讲坛上、报纸上的盟友们帮忙下，无情地粉碎了阻碍他们前程的当时的社会制度。我们看到他们粉碎都铎和斯图亚特王朝的工资和物价条例；粉碎贵族的领地及其庭院和公用地；粉碎特许的国家公司及其享有的开矿和制造、对外贸易和海外管辖权的独占权利；粉碎城市自治团体及其行会、学徒制度和禁止外人（这不过只是由邻近的市邑或附近的乡区来的人）经商的成规；粉碎旧的“贫穷救济法”及其废弛的收容所以至工作不足的并由税款补助的工人的麇集现象；粉碎家宅和家庭及其古代遗传下来的家庭工业，以便将它的成员，男的女的，大的小的，分散到辽远郡区新设立的工厂里去。在1832年，他们甚至还粉碎了根据国王的和封建贵族的“口袋里的城市选区”（“口袋里的城市选区”〔Pocket borough〕，即议员选举权为一人或一家所操纵的城市选举区。——译者注），及古代市区陈旧的职业选举权选举出来的英国议会。事实上，资本主义企业家，在两个世纪的很大部分时期内，是当时的布尔什维克党人，相信着——用1834年利物浦商人请愿书上的一句名言来说——“岗位同等的人应当享受同等的权利”[1]，并且严格地排斥着不得已被他们雇用的无资产的工资劳

[1] 维伯夫妇：《领地和城市》（S. and B. Webb：The Manor and the Borough），1908，第701页。

动者参加本国政府。的确，可以不算过分地说，1799年到1832年的英国政府，陶醉于新资本主义增加了国家财富这一情况，对于体力劳动的工人们建立了一种恐怖的统治。引用一位对当时工人阶级情况有研究的历史家的话来说："雇主的法律，就是国家的法律。工人必须服从他们的主人，好像他们必须服从国家一样，而国家又必须执行这主人的命令，好像执行它自己的命令一样。这就是1799年和1800年工人结社法幕后的新政策。这两个法律，第二个是修正第一个的，它禁止工人们为维护共同利益所采取的一切共同行动；它们乃是英国历史上国家向一个阶级的独裁所作的一次最无条件的投降。"[1]资本主义的寡头政治抓住不放，并加以发展的国内的古老制度，只有一种：关于私有财产的法律和它的附属品，即由死人传给活人的，有法律保障的财产继承权。

八、资本主义破坏的残酷

值得注意的是，反叛的资本主义企业家，在他们昌盛的一个世纪中，在另一个方面，是与无政府主义者的巴枯宁和共产主义者的列宁相似的；后者在1918年到1919年的俄国，是有机会把巴枯宁学说的很多精神付诸实施的。资本主义企业家在清除阻碍他们实行社会改造理想的障碍方面，是绝对无情的——既不衡量他们认为过时的制度的偶然优点，也不关心他们的革命所带给无数个人的苦难——并且永远不应当忘记的是，他们对于收入被他们的革命所消灭的、生活被他们的革命所摧毁的难以计数的无辜群众，并没有对侵犯法律上"所认可的愿望"的行为，作出任何补偿。学徒出身的小手工业者；在有合法居住权的教区内，享有由贫穷救济委员安排工作的合法权利的工人；享有依靠古代传

[1] 汉孟德夫妇：《城镇的工人，1760—1832》（J. L. and Barbara Harmmond：The Town Laborer），1917，第113页。

下来的使用公共牧场权利的公簿持有农；享有排斥“外人”的权利的古代城市团体的“自由人”；享有本行业集体专利权的手工业行会成员——这些人们都享有为法律所承认的既得利益，而这种利益构成了他们个人产业的一个合法部分，正像俄国贵族所有的森林和草原、俄国“资产阶级”所有的工厂和商店一样[1]。1750年到1850年的英国资本主义企业家，也好像1918年到1919年的俄国布尔什维克党一样，把所有这些“法律主义”都看作似乎是阻碍着一种更有益处的（或者，正如他们所选择的说法，一种更公平的）社会秩序形成的障碍物。

九、资本家的成就

对于一个已获成功的革命，或者，从新兴一代的积极分子看起来，好像已满足国家需要的措施，有很多事情在事后是得到宽宥的。所以，19世纪中叶在英国发展到最高峰的资本家独裁，除了使资产阶级发财的直接目标以外，是否还达到了更广大的目的这一问题，实在是值得探讨的。我们马上可以说，在我们看来，资本家的独裁，把它清算一下，虽有种种残酷的孽债——罗斯金特地为它造出一个新词叫做“病害”（“illth”）——仍是好处多于害处的；无论如何，从18世纪的后期到19世纪的中叶，确是如此。在19世纪的后期，总的来说，它的成就是有疑问的；而在20世纪，则甚至在国民收入数字的增加上（我们也像罗斯金一样，避免使用“财富”这个词），它的缺点是超过它的优点的。

---

[1] 对于自耕农和自己当家作主的手工业师傅，“财产的原始意义、本质和目标”——引一位美国作家的话来说——“是保证一个人或一群人获得为其生活或福利所必需的东西的使用和控制权”（麦凯伊：《美国社会主义》〔James Mackeye：American Socialism〕，第34—35页）。对于资本主义以前的个体生产者，即拥有自己的生产工具和从事自己的职业的人来说，工业革命好像是与他所了解的以及自古以来的习惯法和地方习俗所阐明的那些财产权完全抵触的。

毫无疑问，在18世纪后期和19世纪初期的英国，在生产和生产力方面，无论是从所消费的一般用品的数量及品种来衡量，还是从生产它们的工厂的数量来衡量，确有一种急速的、巨大的和不断的增长。人口的增加本身——这是区分本时期和以前任何时代不同之点的显著特征，也是个体农业和家庭工业分离的一种直接结果——就代表了生产力的巨大增长。原料进口和制成品出口的不断扩张，意味着构成国民收入的消费品数量上的增加和品种上的扩大。

十、生产的增加

在英国资本家处于独霸地位而很少有其他国家的竞争的世界里，英国对一切国家的贸易的扩张，英国航海业的增长，英国银行业和保险业的兴起，都汇合起来，形成了一股几乎具有无限利润的黄金的巨流；这个黄金巨流所采取的形式是：资产阶级不断增加的收入，伴随着奢靡生活而来的一切物品的急遽增加，和利用剩余收入来增加生产工具的源源不绝的投资——从开采更多的矿山和建立新的工厂到轮船的增加，铁路的添筑，机器的增加和市场的不断开辟。生产方面这种史无前例的增加，并不只是靠统计数字来证明的。我们能够追索到这个过程中的每一个阶段。家庭工业和个体农业的消逝，以及农业劳动者“居家过日”的习惯的无形放弃，和麇集在城市贫民窟里的工厂的个别技工，造成了漫无限制的生育现象，从而产生了一支迅速增长的和在经济上无自卫能力的劳动大军，听候着资本家的摆布。在这种情况下，能以工资的方式给他们一条生路的人们的专制权力，便差不多可以运用自如地给每个男人、女人和儿童安排他们最适合的、工时尽可能长而工资尽可能少的工作。片刻之间，就有了这种残酷的、令人却步的工厂制度来代替旧的贫穷救济法的废弛现象，它带来了实实在在的饥饿，借以保护雇主的权力，并使人们投身他的事业，好像工业的直接强迫征募一样，变为强制的义务。假使我们把人设想为只是一种生产工具，那么，我们可以毫不犹豫地承认，英国资本主义的组织，在它最光辉的时期，确实获得了空前的成功，就是说，它曾以最低的维持费的代价，驱使了最大数量的劳动力到生产上去；可以证明，这种成功，比起人们知道的任何奴隶财产和奴隶买卖的最有效率的制度，还优越得多。再者，资本主义制度还激发了和利用了脑力劳动和体力劳动的劳动生产率大大增长的事实。旧秩序的瓦解，还为各级贪得无厌的创造天才开了一个终身事业的门路，并且征召他们到新的工业组织里面来。无穷无尽的机会在等待着有才能的和有冒险精神的人们。很大数量的手工业者和农民，都从工作不足和收入减少的共同命运里逃了出来，以便充当工头和经理，并且，最后，充当独立的资本主义企业主。我们很可以说，从较低的阶层升到统治阶级的人，数量最多、比率最高的，要算在这个时期。刺激也不亚于机会之多；并且，假使说才能的选择性，在某些方面，会使人种退化，那么，也可以说，这种选择是集中在一种才能方面，即，增加生产和减低成本的才能方面。首先，这个时候是一个机械发明的时代，空前数量的智力都用在改善工业技术过程上。而且，商品的需求又是广阔无边的。全世界都迫切需求用工业新方法和日益低廉的成本所生产的纺织品、金属器具、瓷器、武器、军火、服装和皮革制品。同时，英国的制造商本身也贪得无厌地向地球的各个角落里搜寻数量有增无已的原料，来制造其他国家好像永远买不够的商品。英国的牟利者每天的时间，不是用来计划彼此间的或对外国人的竞争制胜的方法，而是用来对付新的需求；寻觅新的原料；创造新的产品；冒险地开辟新的市场；在商业的冒险上，从中国到秘鲁，从北美洲西部的荒原到地球上相反一面原始的未开化地区，倾下赌注，有时甚至倾赌生命。意外的横财，当然是巨大无比的。有人说过，英国在这个光辉时期所得的利润，“不是百分之五或百分之十，而是百分之几千”。

让我们重复一遍说，我们必须承认，成功的牟利事业这样巨大的发展，尽管有它一切的缺点，确实意味着国家收入中可以称为财富的那个部分的（至少暂时的）巨大增加。假使说那时的工资是低的，并且工人的状况是坏到足以损害人民的话，那么，也可以说，降低生产成本的不断压力——尤其是在普遍取消了日用品的税收之后——却大大地有利于消费的人们。牟利者自己也发现了，他们的最大利益，是在不断减低每个人消费的商品的价格，和每个人使用的服务事业的价格，借以增加产量和消费量。资本家间联合起来以便永久保持超过成本的价格的办法，当时实际上是不存在的。通过物价的下降、币制的合理的稳定以及工资大致上的稳定甚至稍微提高，整个国家也在商品的不断增加、消费范围的稳步扩大及消费的数量增加方面，得到利益。

对于那些以为国家收入的立即增加，是社会进步和社会福利的主要条件（即使不是唯一的条件）的人们，英国资本主义之暂时能够达到它的目的，好像是一件幸运的事，因为在工业革命的世纪里，没有可以走的第二条路。正如桑巴特所说："资本主义以前时期的经济活动，是完全依照满足生存条件的原则来调节的，农民和手工业者都依靠他们的经济活动来维持生活，除此之外，别无其他。"[1]这些独立生产者的大多数都没有聚积财富的野心。他们收获的农产品和制造的物品，大多是为自己用的；他们最强烈的冲动是用自己的方式过自己的生活，什么时候高兴工作就工作，什么时候高兴睡觉就睡觉，什么时候高兴吃就吃，和什么时候高兴玩就玩。他们中间最优秀的劳动者的劳动，不是由于谋利愿望的鼓舞，而是出于制作手艺的本能的驱策。可是，我们必须永远记着，自耕农和自己当家作主的手工业师傅，对于他们的剩余产品来说，也是道地的"牟利者"，和资本主义企业家同样地有着牟利者的短处和坏处。在许多事件上，他们自己也是剥削别人劳动力——学徒、学徒期满的职工以及他们自己家属的劳动力的"剥削者"。这种社会秩序，不管它的优点是什么，事实上是不能发展那种掌握大规模企业所必需的远大眼光或自制能力的。它也不能产生作为现代政治民

[1] 桑巴特：《资本主义的本质》，1915，第 172 页。

主主义和工业民主主义的基础的集体精神或代议制度的能力。[1]

十一、没有第二条路可走

因此，在18世纪，甚至19世纪的初期，在英国实际上不曾有过一种群众的或集体主义的组织。甚至相当诚实的官员，也没有供应的来源。中央各部门的和当时英国地方政府的记录表明，要找到一批不直接或间接收受贿赂，或者可以赖以办一天公务的文官，是不可能的事；同时，大多数的低级官员，则嗜酒成癖，并且毫不迟疑地盗窃小额款项。公务职位被当作领干薪的差缺来看待和钻营。没有人懂得大规模行政程序或行政方法的知识，没有考核候用人员才能的方法，没有专业训练的系统，因此，每个公务职位，或者成了世袭的职位，或者成了一些人包办的饭碗，从而时常落到统治阶级里最不称职的人们手中。所有矿务的、土木工程和机械工程的、工业化学的、建筑及营造的以及行政本身的专业，在萌芽的时期，都只是靠“凭经验”和“尝试不成再尝试”的方法来进行的。没有精确的簿记；也没有稽核的制度，甚至稽核现金账目的初步形式也不曾有过；至于成本会计的观念本身，则更梦想不到。提供唯一的刺激和唯一的标准的是，牟利的强烈动机；它是谋取私人利益的手段，凭着它，就可以挑选所需用的人员，发明生产的方法，进行业务的管理，减低生产的费用和发现销售的市场。并且，资本主义制度，在工业、运输、商业和金融等方面合作的科学和技术方面，还有教育全国的优越性。甚至它的压迫和欺诈，也有它们的用处，因为它们把资本主义所产生的从事体力劳动的工资劳动者的无产阶

[1] 关于缺乏民主制度——工会的、职业团体的或政治的民主制度——的能力的情形，可以从像日本、俄国和甚至现代法国容易感染官僚主义弊病的现象看出来——我们认为这种现象的解释是：一个个体生产者的社会，由于缺乏远大的眼光和联合起来的能力，不得不把现今世界上所要求的中央集权制度的政府让给一群官僚来统治，而对于这批官僚，他们既不能又不愿有效地加以批评和监督。

级，驱使到工会里和合作社里联合起来，并且启发了他们自己关于自由联合和工业代表制度的能力。事实上，在19世纪的初期，利润的牟取，是这个世界的一种代替品，用以代替当时还不曾有的品质，即：律己的能力，专业的技术，科学的知识，公共的服务，自由联合的精神和一般笃实的风气本身。

第五章

资本主义制度的最后失败

资本主义制度统治的这种初步成功，究竟能够维持多久呢？

要指定任何一个年份，标志着资本主义在某一个特定的国家里，在农业、矿业、工业、金融、运输和国内外贸易等多方面的发展情形，由对国家有利的制度变为对国家有害的制度的转折点，当然是不可能的事。况且，另外还有相对的效率和绝对的效率问题；利润的牟取，作为工业的刺激和报酬的一种方法来说，在未找到第二种适当的方法以前，要估计它的绝对功效，是徒劳无益的。大概说来，只是到了19世纪的中期，比较深刻的观察家才开始坚持地说，资本家的独裁，不只是有了财富生产上许多绝望的局限性，并且还确实产生了许许多多与财富恰恰相反的东西。从那时以后，正像现在已经很明显的情形一样，利润的牟取有了日益增加的恶性发展和邪恶的新陈代谢，因而产生了它们本身的毒素，并减少了这个制度本身的优点。只是在过去半世纪时期中，代替原来工业组织的新方法才被发现并实施起来。而这些新方法，在财富的公平分配和有效消费方面，比原来的要优越得多，并且在财富的生产上，从所有各方面通盘考虑，也和原来的相等，假使不比它更加优越的话。

一、资本主义开倒车的发展

近代商业企业这种失败的原因，可以追溯到牟利动机的某些内在的缺点和牟利者的职业中某些无可避免的发展。资本主义对于因天灾、人祸和一切商品的加速损耗而发生的破坏，往往有浓厚的兴趣，关于这类明显例外的情形，我们不必去加以考虑。从修配玻璃者对于下冰雹的兴趣，到路旁汽车修理所对于汽车事故的兴趣，和庞大铁路车辆修理工厂对于破坏最重的及损耗最大的运输方法的兴趣里，我们已经有叙不完的甚至数不尽的事例说明：在资本主义之下，不可能产生一种对生产的兴趣，它同时不包含着对腐朽和破坏的兴趣。因此，我们建议只在下列的标题下叙述这种失败的情形。利润的牟取者是本性使然地要导向破坏和导向毁灭的，不只是对于最有价值的生产工具如此，并且对于无法补偿的生产工具也是一样；他对于必需的商品，有一种以假冒真的（或者以劣品来代替的）趋向；他时常使用他自己的和别人的劳力来生产对社会毫无价值的商品和服务——的确，有时还具有毁灭性的毒害；并且他还渴望以只为自己产生利润打算而不计及其他后果的方式来运用他自己的和别人的资本与信用。甚至在资本主义最初的竞争阶段，当社会需求一双新皮靴时，就有100个皮靴制造者各制一双来向这一个顾客抢售；像这样一种简单的事实，就曾使工业方面遭受过一系列的供应过剩和商业衰退的现象，因而招致了个人堕落和经济损失的恶果。于是，经济危机便和传染性的霍乱一样，变成了当然的事情。现在，我们已经度过了这种状态了，可是增加产量和扩大营业的不断压力，还是导向着全世界各市场周期性的衰退，甚至可能变成长期性的萧条，以致造成了销售组织比生产组织更加庞大的结果，因此，正如一句流行的话所说的，“销售的费用比生产的成本大得多”。虽然在每一个国家内，资本主义牟利者间自由竞争的原则（曾被认为是能够为消费者保障价廉物美的利益的），为了保障垄断的价格及强迫消费者接受对牟利者有利的标准化的物品起见，在一个接着一个的工业部门中，资本家相互之间的联合组织已代替了自由竞争，可是，个别的工业间和个别的工业联合组织之间，内部的竞争既已避免，仍然为了永远不停地积累新的资本而不得不进行死命的相互竞争，并且，当获得这种新资本时，就运用它来再增加生产、赚取股息，不管它的产品有没有人需求，于是，为激发这种需求起见，便施展一切广告招徕及旅行兜售的伎俩，和猎取国外市场——有时带着诗意地称之为“在太阳下面的空间”——的一切政治阴谋。就这样，每个欧洲大国的资本主义工业家、商人和金融家所抱的保持旧市场的愿望和获取新市场的贪心，便作为1914—1918年世界大战浩劫的基本原因而暴露出来，造成2 000万人惨遭死亡和广大地区受到空前蹂躏及无数财富沦于毁灭的结果。最后，人们对于资本家独裁的仇恨，和无产阶级由于资本主义制度遗传下来的收入上和个人自由上的永远不平等所引起的愤怒，便在每一个大工业国内自杀性的阶级斗争里，达到了高峰。

二、资本主义牟利者造成的生产工具的破坏和毁灭

这个罪恶的第一个发现者，是英国社会主义的创始人（罗伯特·欧文）；他在19世纪的初期，就坚决认为：资本主义制度，在它的效果方面，对于它所用来生产财富的工具，是具有毁灭性的。欧文自己是一个资本家，并且是他那个阶级里第一个了解他的生产工具的性质的人，他认为他的生产工具正和俾斯麦说到的外交工具一样，是血和铁，并且，又和另一个德国名人所指出的一样，认为“血是一种十分特别的液汁”。现在让我们来阐明他的这个论点。

所有的生产工具，除了有生命的以外，都会由于使用而损耗的；它们生产得越快，损耗就越快。所以，资本主义的雇主，对于他的工具和机器，就得解决两个问题：第一，在他每年结算的总账上，他可以准许划出多少钱来作为它们损耗的折旧；第二，由于一部机器的损耗可以在“使它工作到死”的意义上来加以考虑，并且由于生产过程占用的时间是靠这机器运行的速度为转移的，他究竟给予它多少长的寿命才算最为有利。第一个因素是这部机器的成本。一个野人的锤子，只是一块

石头；他的杠杆，只是一根木棍；他为这些工具所付的代价只是俯拾之劳，因此，他毋须考虑究竟这些工具能用到10分钟或10年这一问题；因为在原来的地方还有很多这样的工具；所以，他对待这些东西，可以随意地不加照顾和给以破坏。但是，假使他所用的工具需要他一天的工作才能做成，而他却在半天之内将它消耗或破坏掉了，那么，在这个周末之前，他便要破产和穷困了。同样的道理，假使一个雇主付出五千英镑的代价，买了一部机器，而在它刚刚生产三百英镑价值的货品或服务之前，就把它损耗光了，那么，这部机器将会使他破产，而不是使他发财。另一方面，假使这部机器用得过少，以致在偿还成本之前就变成陈旧无用，或生产太慢，以致时间上损失的代价，超过了使用较勤因而造成损耗的损失的代价，那么，加速它的使用，对于雇主是合算的。准确地确定获得最大利润的那种恰到好处的地方，也许是一件微妙的事情；但是微妙的事情并不是感情冲动的事情：机器的感觉可以弃置不谈，因为它根本没有感觉；再者，社会的利益也可以弃置不谈，因为这与生产者的利益并没有冲突。至于将旧的机器废弃，则只要是在可以得到较好的机器的时候，也不会有任何后悔。

可是，假使生产工具不是一部机器，而是一个有生命的生物，那么，问题就立刻感情冲动地复杂起来了。假使这个野人，不去花费一天的劳动来做工具，而是以10天的功夫来捉获并驯服一匹野马，并且在这10天所花费的劳动获得补偿之前，就以过度的工作、虐待和饥饿把这匹马弄死了，那么，很清楚，他立即就会遭到同这匹马一样的命运。像雇主对于机器一样，他也得确定他应当让这匹马活多久才能从它获得最大的利润这一个问题。一个奴隶主对于他的奴隶也要作同样的计算。这种计算，是像资本主义的生意经一样冷酷地进行的。在奴隶制度没有被废除之前，美国南方各州有些大农场公认获取最大利润的办法是使黑奴在八年苦役中就被消耗掉。伦敦的街车，在还没有用电力牵引来代替马力牵引之前，曾有人算出，获取最大利润的办法是在四年中把马消耗掉。

很明显，以雇用的白种工人来代替奴隶的黑种工人，或街车公司以租用的马匹来代替自己所有的马匹的办法，并没有改变这种计算的性质。当兰开夏的工厂主们受到在一代的时间里消耗了九代的人的谴责时，他们的答复——假使他们有足够的大胆来说老实话的话——是：不管他们高兴不高兴，计算的结果就是这样，而且生意就是生意。

为了社会的利益，这种计算是不许可的。尽管雇主们有着政治的权力，残酷的结果还是迫使议会通过了“工厂法”来加以干涉；这种干涉的有益效果——不只对工厂的雇工，并且对雇主的利益，都有有益的效果——证明：这种计算，不只是不人道的，并且是这样愚钝地和这样不准确地粗制滥造，以致把雇主也导向自绝财源的路上去了。可是，准确的计算，也像不准确的计算一样，最后也是与人类的福利不相容的。我们不可能证明，一种为了每个特殊雇主获得最高利润的单纯目的而在人道方面所作的毫无约束的和毫无忌惮的牺牲，不会在任何时候任何工业里导向获取比“工厂法”所规定的还要更高的股息。

在资本主义制度下使用的生产工具中，机械的工具与人类肉体的工具之间有一个经济的和生命方面的区别。对于机械的工具，资本家必须付出全部的甚至更多的代价；至于人类肉体的工具，则虽然生产成本高得很多，却是可以不付代价而取得的。他的母亲的痛苦和风险以及料理家务的勤劳，他的父亲的劳动，纳税人为他负担的教育费用，地方和中央公有财产所供给他使用的物资，每一个幸获生存的健康工人所身受的生命力的消耗：这一切都是一个在工厂门前乞求工作的人的原始成本；但是雇主竟不花费一文钱就能收他来作为一件生产工具；雇主对他唯一的花费，只是维持他一周又一周的工作能力的起码代价——衣、食和住；这好像等于雇主不花一文地获得了一部蒸汽机，又从这部机器本身赚取油和燃料来供给他使用一样。假使由于驱使过度或喂得不饱而滥用了这件白手得来的活的生产工具，使他受了损坏，或者消耗得太快，以致到了“四十即衰老”的地步，那么，这雇主所需要做的，只是把它掷回街头，让它由纳税人去照料，然后再以同样的条件，另拾一件新的人类肉体的工具。

对于滥用和败坏国家人力的这样残酷的一种动机，各地也有出来反对的人，他或者宁可使自己贫困，拒绝经营任何生意，或者依靠着某些生意部门特别组织力量的支援，作个人慷慨的解囊；可是资本主义的雇主们，作为一个阶级来说，是不能够反对这种动机的。在这种动机的压力之下，我们不只有那些所谓被水淹没的十分之一的人口，并且还有十分之八的仅在污水上面露出头来的人们，至于剩下的十分之一的人，则花费着所得到的利润的极大部分，以便使自己脱离环绕着他们周围的苦海。这就使全国人民的大批堕落成为无可避免的事实，因为，在成年的户主中间，5个人中就有4个人除了把自己当作生产工具出售以外，没有其他的求生之路，而他们的买主，则除了商业兴趣以外，对他们没有其他的兴趣，并且也没有替他负担任何的公共责任。像这样一种制度竟能持久地作为一种高度文明的基础，确是一件不可思议的事。试想一想看：煤矿主人必须买另一匹小马来代替他在矿场里所杀死的那一匹，否则便无马可用。可是，他毋须买另一个孩子来代替那个同小马一道杀死的孩子。第二天早晨，他的经理人便可以在门口发现另外一个孩子，或者也许很多的孩子，一切现成，可以用维持每周生活的条件换来填补那已被杀死的孩子的位置。这就说明了为什么所有资本主义国家的典型企业家，对于他所雇用的工人的生病率和死亡率，是如此地漠不关心，正如他直觉地反对每一种保护工人的措施的例子所首先证明的那样。但是，意外事故还不过是许多罪恶中最小的一种。我们不必再引19世纪前半期在无约束的资本主义下的悲惨故事，那时通过过低的工资和过重的工作，通过流浪工人麇集的形成和失业周期的循环出现，造成数百万家庭不幸的贫困，非人的堕落和过早的夭亡。我们也不要自安自慰地说这只是过去偶然发生的事。在资本家的独裁还没有被法律的权力或工会的对抗所限制的每一个工业部门中，低的工资、长的工时和不卫生的劳动条件等罪恶，现在还是存在着；而就业不足或失业所造成的慢性饥饿，仍旧是用花费公家的钱来举办的、代价很高及腐蚀性很大的失业救济金来加以缓和的。人类肉体的生产工具的这种破坏和毁灭，不可能认为只是因为资本主义制度走入了邪途。现在已经看出这种罪恶是牟利的方法本身不可避免的事故。的确，归根到底，个别牟利者的本质就使这种罪恶成为必然的事情，因为除非他在剥削的勾当中能够赶上他的最残酷的竞争者，则他所赖以为生的利润本身（即依靠成本价格和销售价格的差额而构成的利润），终久就会失掉。到了19世纪后期，资本主义在这方面的缺陷，已经获得了全世界公正学者的公认。

较晚的一个发现是，资本主义给那些还没有变为私有的公共资源所带来的毁坏，例如牟利者的工业的煤烟和有毒气体所熏染的空气，它所玷污的流水和所弄脏的通道及空地。对于这些公共卫生必需条件的任何重视，都成了个别牟利者的障碍，因此在牟利者的独裁统治之下，都是不会得到支持的。牟利者在水、陆、空三方面散布的污秽，和对千百万同胞安乐的和美丽的环境方面的破坏行为，对损害人们健康、幸福和智力方面——都是人类生产力的因素——的影响，谁能衡量得出呢？

三、天然资源的毁坏

牟利者破坏的还不只是人和人的环境：他所玷污的还不只是较古老的文明。在追求人口稀少的新地区无限天然财富的当中，牟利者就把他毁灭的方法从这一个洲带到了另一个洲。天然的资源是极其丰富的和代价很低的：在许多地方它们不需要丝毫代价。因此，不论在季节中也好，不在季节中也好，产毛的和当食物用的兽类都被杀掉，直到它们绝种为止；原始森林夷为平地；天然草原剥得精光；处女地的土壤变成贫瘠；煤和金属、石油和天然煤气——所有蕴藏的动力资源——都被浪费和耗尽；连河流也弄成涸地，气候本身也遭到损害。没有一个人会批评美国政府是反资本主义的，或是对牟利的方法有任何理论上的偏见的。可是在谴责蹂躏和毁灭美洲天然资源上，任何一个布尔什维克的煽动者都没有比罗斯福总统和各州州长说得更激烈。罗斯福总统在1908年的州长大会上沉痛地说：“我现在邀请你们到这里来聚会，为的是这些资源的巨大消费，和其中有些由于漠不关心和浪费的使用，已到了即将枯竭的危险境地，有再一次要求共同努力、共同行动的必要……同样清楚的是，这些资源都是国家力量和永久生命的最后基础。最后，目前的事实已很明显地预示，这些资源都在很快耗尽的过程中。”[1]“今天当你们经过南方的时候”，一位最大的美国工业巨头，希尔先生，断言说：“你们可以处处看到满布被大雨剥蚀形成的水沟的土地；沟的两岸土地，一度是肥沃的农田，现在都变成了荒芜的红土和黄土，并且，由于主要的支持物都已被冲刷掉，农业也因此衰减。成百万亩的土地，有的地方甚至达可耕面积的十分之一的土地，都是这样地被毁坏了，以致不能用人工来恢复原状。”[2]伊利诺斯大学校长詹姆士宣称：“没有疑问，我们已在许多方面浪费了我们的家产。在我们急于致富的追逐中，我们像马一样地用后蹄的前端踢着前蹄的后端，把国家长期工业和永远生命的基础本身也毁损了。”[3]政府的专家报告说：“巨大的浪费，已经伴随着我们森林的利用而来，……浪费的主要原因是火灾，砍伐方法和提炼松节油方法上的浪费，木厂的浪费和木料使用上的浪费。”[4]矿产也有同样的破坏情事：“丢开已经开采出来

---

[1]《保护天然资源的州长会议记录》（Proceedings of the Conference of Governors on the Conservation of Natural Resources），1908 年 5 月 13—15 日（载《众议院文件》第 128 卷，第 1425 号，1908—1909 年第二届会期，第 67 页）。

[2]《保护天然资源的州长会议记录》（Proceedings of the Conference of Governors on the Conservation of Natural Resources），1908 年 5 月 13—15 日（载《众议院文件》第 128 卷，第 1425 号，1908—1909 年第二届会期，第 67 页）。

[3]《保护天然资源的州长会议记录》（Proceedings of the Conference of Governors on the Conservation of Natural Resources），1908 年 5 月 13—15 日（载《众议院文件》第 128 卷，第 1425 号，1908—1909 年第二届会期，第 174 页）。

[4] 半世纪以来的经验明白指出，在弗吉尼亚、南北卡罗莱纳和佐治亚各州，现在提炼松节油的方法，使南方长期的海军军需工业，完全不可能维持。这些方法往往使森林在 4 或 5 年之内就停止生产。它们已经把现有的可以炼油的长叶松减少到这样的地步，以致在有些地方不得不用到 4 或 5 英寸直径的松树。这就一般地意味着松节油的收获量将极度减低，否则，就要使可以长大作木材用的松树在一两年之内死去……由于不小心的砍伐和火灾，我们把现有森林的复原能力，一年又一年地降低下去，或者整个地毁灭掉了。……虽然我们的木材树成长得惊人地快，可是由于浪费的砍伐和火灾，以及一般在培植幼苗上的疏忽，我们已经使我们的森林比世界上任何同样地区的森林的生产率都低。（《中央天然资源防护委员会报告》〔Report of the National Conservation Commission〕，第 1 卷，载《参议院文件》第 10 卷，第 670 号，第 60 届国会，1908—1909，《森林部部长发表的声明》，第 57—59 页）。

的部分的浪费和过度的使用不谈”，一位美国专家向州长会议报告说：“单是留在地下而无法取出的煤的百分比，在各不同的煤田里就占百分之四十到百分之七十；至于最宝贵的一种燃料，天然煤气的浪费，则竟大得甚至没有人可以估计它的百分比……隐藏在公司权势和影响后面的贪婪自私的势力是这样地根深蒂固，以致任何对它们的攻击，都好像与西斯法士[1]的努力一样，使你们看起来往往是徒劳无益的；但是，你们既然爱护你们的本州和国家，我恳求你们为保护我们的燃料资源而掀起斗争，并且下定决心，永不投降，直到那急剧败坏我们国家繁荣基础的贪婪势力完全屈服，并同意终止像过去那样的粗野的破坏暴行为止。”[2]加拿大的资本家也不比美国的资本家更加善良。“在世界大战以前不久，在卡尔格里地方”，有人告诉我们说，“他们发现了一个油井里藏有少许石油。在 48 小时内，邻近的土地就立刻更换了主人，价值从每英亩一万英镑涨到一万二千英镑，并且发行股票达 1 200 万英镑的许多公司也组织起来了；让与和租借的契约都以机关枪的速度来订立了；即使发现出来的是真正的油田，那么，也会很快地被那些乱七八糟的、漫无约束的、争凿油井的乌合之众所凿取精光和浪费干净”[3]。我们必须再一次强调说，这一切蹂躏和毁坏的根源并不是人们的恶意、甚至也不是资本家们的恶意，而是牟利企业无可避免的结果。一位州长总结说：“在旧的各州认识到它

[1] Sisyphus，希腊古时一个国王，因生时作恶多端，死后堕入地狱，被罚推石上山，但推上又滚下，永远如此，劳苦无已。——译者注

[2] 第 1425 号，《保护天然资源的州长会议记录》，1908 年 5 月 13—15 日（《众议院文件》第 138 卷），第 36 页。

[3]《观察报》，1919 年 6 月 1 日。“那是差不多在美洲开采的每个油田的历史，”这位作者补充说，“一次油田的发现，一批投机商的涌现，一些土地价格的暴涨；看起来，几乎小到连起重机也真要互相碰着的地区，竟不加考虑地竞相开凿；勉强可以支持 3 个井的地区竟凿上成打的井；每个癫狂的小矿主都尽可能快地采油，以免他地下的油被邻近的人和竞争的人所采去；对于作为迫使石油流动的唯一力量的煤气，竟没有科学的保护措施；这是一种白热化的、乱糟糟的、互相倾轧的、逼使邻人去作乞丐似的竞争，在竞争过程中，几乎有一半到四分之三的石油都被弃置在地下而永远不可复得——就这样，全世界最富有和最浪费及最忽视油藏的美洲，已变成了油田不能得到很好开发的典型例子。”（《保护天然资源的州长会议记录》，1908 年 5 月 13—15 日〔《众议院文件》第 138 卷〕，第 36 页）。

们的森林、它们的水道、它们的矿场和矿产的价值之前，它们已经让这一切资源从自己的手上溜到私人的占有中去了。现在同样的情况也在较新成立的各州进行着；并且，我们从祖先得来的丰富的遗产，不久将面临一无所有，无需保护的境地。”[1]“直接关心并从事这种工业的人们的金钱要求”，一位现代经济学家说：“无论这些人是发起人、资本家或移植者，往往是只顾眼前的利益的；并且他们举办事业的报酬必须是暴利。他们当时的经济利益只限于当前的价值。”[2]对于未来的价值，即后代应得的正当遗产，资本家当然是毫不关心的。在有关后代利益的一切问题上，“牟利的活动”不仅不去决定“究竟劳力用得是否适宜或原料用得是否恰当”这个问题，并且实际上是把企业领导者的思想引向另一个方向，即用劳力来毁坏将来生产所必需的原料。

其次，我们必须注意到，赞扬利润的牟取是工业组织方法上唯一的和足够的法门这种说法，会使商品的质量不断降低。资本家的竞争导致生产方面的改良这种说法，一向是人们深信不疑的原理。可是我们现在所看见的是，它也同样确定地导向产品质量的降低。当利润的牟取是生产效率唯一的尺度和生产成绩唯一的试金石时，资本家独裁的座右铭是：“金钱是不会发出恶臭的。”凡是产生利润的都是好的，并且利润越大，则认为对社会的利益也越大。假使获利的刺激诱导了许多新的发现和发明，那么，我们看出同样的刺激也确定地使产品的质量降低了。

---

[1]《保护天然物资联席会议记录》（Proceedings of joint Conservation Conference），《参议院文件》，第10卷，第676号，《中央天然资源防护委员会报告》，第135页。

[2] 伊利教授编：《国家繁荣的基础》（The Foundation of National Prosperity，edited by Prof. R. T. Ely），1918，第100—101页。斯密（亚当·斯密）派所传授的，只是关于价值的理论，别无其他……它是……教人们怎样去生产、分配和消费财富或可以交换的价值的科学。毫无疑问，这不是教人怎样去启发和发展生产力的科学，也不是告诉人们这些生产力会怎样地被压缩和被毁灭的科学。麦克洛克明白地称它为“价值学”，并且近来的英国作家们都称之为“交易学”（《保护天然物资联席会议记录》〔Proceedinge of joint Conservation Conference〕，《参议院文件》，第10卷，第676号。《中央天然资源防护委员会报告》，第74页）。

四、产品质量的降低

掺劣、假冒以及各种短斤缺寸伪造乱真的度量衡器，都能被当作——用约翰·布莱特的名言来说——“竞争的方法”[1]。这种竞争的形式，直到了19世纪的中期才被公众发觉出来，而且是由显微镜把它暴露的。“在显微镜没有暴露出这个事情以前”，调查食品掺劣特选委员会第一次报告告诉我们说：“大多数的掺劣商品，都是无法发现的，并且产生这种商品的人们做梦也想不到会有任何工具甚至能够暴露这些秘密的和罪恶的勾当。在那个时候，掺劣的活动是很有保障的和比较无人查究的；现在这种保障的感觉已被摧毁了，掺劣的人也知道他的勾当随时可被人识破。”令人欣羡的自由竞争原则所产生的毒害结果，已经由著名医药证人向普通的公民指证出来了。“可能是凑巧发生的，并且毫无疑问有时也实际发生这样的事情，同一个人在一天之内，将我所列举东西中的八种或十种，一齐装进肚子里去了。例如，在早餐吃的罐装肉和鱼、鳀类、红酱油或红椒粉，他就或多或少地吃进了亚美尼亚的或威尼斯的红色颜料、铅丹或甚至水银的酸性硫酸汞，或硃砂的酸性硫酸盐。在晚餐的时候，随着他吃的咖喱或红椒粉，他也许凑巧吃了第二剂的铅和水银；再随着所吃的酸菜、罐头水果或罐头蔬菜，他几乎确定地服了铜了；同时，假使他在餐后食品之中享受了一份糖果的话，那么，他究竟消费了多少有毒颜料，简直无法计算了。再者，在吃

[1] 布莱特的一个同时代人，曾为辩护这种掺劣行为作过解释。“假使你们把掺劣商品的竞争消灭了，”李明顿地方卫生委员会主席告诉调查食品掺劣特选委员会说，“那么，你们将不是为公众造福，而是为他们造成最大的损害，因为你们将会造出一大批真品的专利人，从而会使那些货品的价格涨到这样地高，以致三分之一的人口无力问津。”（《调查食品掺劣特选委员会第二次报告》〔Second Report of the Select Committee on Aduleration of Food〕，1885年8月，第480号，问题第2535号）。

茶的时候，无论是混合茶或绿茶，他可能少不了要尝着一点普鲁士蓝颜料，而且又可能还有更坏的东西。最后，假使他是一个用鼻烟的人，他便随时确定地把小量的铁质土、铬酸钾、铬酸铅或铅丹送入鼻内。假使他是一个病人，则他的情况，还要更坏；因为这就大有可能，使他失去医师内行帮助的便利，而在服用药剂上受到冲淡和掺劣的不良影响。必须指出，这决不是幻想的或过甚其辞的描述，它是从卖给消费者的各种物品的分析中所得的合理结论作为根据的”[1]。自从1855年第一次的调查到现在，我们看到，在所有的资本主义国家里，都涌现了愤怒的高潮，反对牟利者所行的掺劣和假冒的复杂办法，并为侦察和限制这些办法起见，接着就连续制定了一套法律。可是，假使显微镜帮助了化验人员去发现掺劣的情况，化学的进步却又帮助了牟利者用科学的方法来规避显微镜的眼睛。1915年一位医务官员说：“侦察掺劣的工作是越来越困难了，原因是：第一，由于掺劣物品的卖主的狡猾；第二，由于现在采用的更高度的科学方法。以前的报告指出，牛奶的卖主们是‘调制’过牛奶的，或者，用普通的英语来说，是掺入了提去奶油的牛奶的；但是他们很细心地不使这奶‘调制’到农业部规定的标准以下。拿提去奶油的牛奶掺入鲜奶的办法，差不多已经变成某些牛奶供应者的一种细致的技巧了；虽然大家知道他们收进了大量提去奶油的奶，并且没有将它出售，可是他们掺杂得这样地巧妙，以至不可能把他们投入法网。”[2]“主要的困难，是对付肉类，它里面的疾病象征，是普通的人所难以侦察出来的：这些象征，往往是很容易地被去掉；而且，作为最后的掩护办法，红肠用碎肉器、香料和最后吸引口味的调治，如罐头肉、肉酱、红肠或其他美味食品，都将食物加上有效的同时也许是很不适宜的伪装。要有效地

[1] 《调查掺劣食品特选委员会第一次报告，证明文件和附录》，1855年7月27日，第432号，问题第150号。

[2] 《地方事务部第四十二次年报》（Forty-second Annual Report of the Local Government Board），1915，第Ⅲ编，第66页引用的话。

检查肉类，唯一的地方和时间是在宰牲场和刚在宰杀之后腐肉尚没有被去掉之前。……格林斯俾的情况是地方城市中最典型的；‘那里有54个每年领照的宰牲场……散布在全市各处；每天日夜（连星期日在内）任何时刻都可能同时进行宰杀’。从那些负责肉类供应的卫生事务人员的眼光看来，这些事实已构成设立地方公营宰牲场，取缔私营宰牲场的理由了。”[1]简单地说，这个要求是以市营企业来替代资本家的企业。

所有的文明国家，为侦察和惩处牟利者产品质量恶化的诡计和反侦察的诡计而不得不施行的严密规章，大致都是限于食品和药物的。大家已经承认，这种掺劣的形式“意味着逐渐毒化民族，使整个国家的体质降低，阻碍我们的生长，迅速败坏我们的身体元气；同时，从道德方面来说，意味着卖者在买者身上行使的一种每日的和经常的欺诈：一种从极小事情开始的欺诈，可是不久便把我们养成了这样硬心的人，以致会在更重大的事情上行之而无愧”。[2]

同样的产品质量恶化的过程，也可以在所有各种各样商品和服务事业中看到：在棉布的过分上浆上；在不经用的家具的制造上及翻造呢绒做的现成衣服上；和在除豪富的住宅以外所有住宅的偷工减料的建筑上。的确，机制的东西，与成本较高的手工制成品比较起来，许多人对于前者的憎恶，都是由于它十分容易伪装坚固；而在实际使用方面，

[1] 班宁吞：《英国公共卫生行政》（B. G. Bannington：*English Public Health Administration*），1915，第160页。“一位关于这个问题的现代作家叙述私营宰牲场的情况如下：‘所有四周，都被住宅围着，空气的流通几乎不可能，光线有时可以射进，但很困难；地面往往完全没有铺砌，或者铺得如此的坏，以致竟变成了污血和垃圾盖满了的地方；墙壁往往是木板的，上面灰尘厚积，兽圈则不够牲畜之用’。除此之外，还可以加上一个大的下脚间，所有的粪便、腐肉和血都从屠宰间墙上的一个洞，流入这个下脚间里去，它的地平是特别为这种目的安排的。环飞在这肮脏的废料堆上的成千成万的蓝苍蝇，在下脚间、屠宰间和卖肉店之间，从事于宰杀的任务；这3个地方好像是为了方便起见，彼此都联在一起的”（《市政府关于肉类的检查》〔Municipal Inspection of Meat〕，派斯雷市首席卫生检查员凯尔苏在格拉斯哥大学英国公共卫生学会年会上宣读的论文，1896年7月27日，第3页）。

[2] 《全国社会科学促进会会报》（Transactions of the National Association for the Promotion of Social Science），1870，泰恩河上的纽卡斯尔会议。比万：《应采用哪些立法措施来取缔食品、饮料、药品的渗劣？》（Phillips Bevan：*What Legislative measures ought to be taken to prevent the Adulteration of Food, Drink, and Drugs?*），第391页。

却失掉了它大部分的价值。没有理由认为机制的坐椅或窗格、机制的衣料或长靴，应当比相类似的手工制成品还要更不经久，或者甚至设计更缺乏艺术性。但是，资本主义牟利者为图一时的利润而施行的劳动分工和机器生产，却帮助着并且最后还要求着各种下流的欺骗，其中很多实际上还是手工完成的，如现成衣装个别部分的缝缀工作。在这里，资本家又是在短期的成就上着眼，并且往往把马上就会被看出是根本不经济的商品——有时甚至连样品的标准都没有顾到——供应到不惜花费很大推销费用的新市场里去，从而使他的同行，甚至他自己的公司，在几年之间失掉市场，让给其他国家的商人，而这些其他国家的商人，开始供应确是比较优良的商品，可是，由于他们也只是牟取利润的人，最后也将货品的质量贬低到同前者的一样。

某些特殊出口贸易的从一个国家的手里转移到另一个国家手里的这种经常变动状态，是每个国家里贸易商日新月异地试图使用政治力量来掠取他们市场的因素之一。一个美国评论家告诉我们说，牟利的企业“是在那些专心一致从事竞争活动的人们掌握中的。对于可以促进他们自己利益或者可以阻碍他们的竞争者的利益的手段，他们是不愿放弃或忽略的，业务的竞争也不准许他们放弃或忽略”。[1]

五、供应有害的商品和服务

对资本主义牟利者来说，正面的坏事也许是一种好处。在建立那种供应无效力的或有毒素的专卖药品、药酒以及治疗毒瘤、结核病、性病、痛风症或风湿症的治疗药物的庞大工业上（且不提避孕打胎），牟利的刺激，与为饥饿的人供应食品及为赤身的人供应衣服这种企业所有

[1] 费布伦：《商业企业的理论》（Thorstein Veblen：*The Theory of Business Enterprise*），1904，第 292—293 页。

的牟利刺激，是同样地强烈有力的。“这种生意（卖假药）的利率”，有人告诉我们说，“仍然很高，因为很多正派的人们不屑于去做……一个人本来只要买两盒或三盒药片，就能够并且确实可以治好他的疾病，可是他却要连续许多年去买那些对他永没有什么好处的假药。这是很普遍的情况”[1]。有人算出，单在这一种生意上，每年从公众榨取的钱，就在300万英镑以上，而所花的本钱，只是用在夸大的广告上面的就有200万英镑——这是买通报纸对这种不正当的营业保持缄默的费用。在从消费者身上榨取的总数之中，只有极小的一部分——可能是10万英镑——是生产的成本，300万英镑中的其余部分是造成私人豪富的“价格上的利润”[2]。制造专卖药品的托拿朋盖的牟利工业被一个敌手，就是一位华伦夫人[3]，所从事的行业所打倒。在全世界所有各大都会里，好几百万英镑的资本——有些部分是由十分无知的“不劳而获”的人们拿出来的——投入住宅、茶室、按摩院、音乐厅、跳舞场，以及在其他方便的掩护名义下首先进行诱骗，然后强制青年男女作性的罪恶活动的牟利生意。经济学家一定要列在这类生意中的是，推广和组织各色各样的赌博营业。私人赌博可以是也可以不是一种适宜的消遣。但是有意地去刺激和利用男人、女人和年轻人的赌博本性，来为私人的利益服务——一种使用巨大资本的营业——则很难认为是国家资本、智力和体力的正当利用。另一种例子是借贷的“服务”，即以百分之几百的利率借款给未成年的青年、暂时遭遇困难的地主或不善于经营的商

[1] 狄布里：《供求的定律》（G. B. Dibble：The Laws of Supply and Demand），1912，第113页。

[2] 《下议院特选委员会报告》（House of Commons Selech Committee Report），1914，414，第9—10页。关于所有主要的自疗假药，英国医学会出版的两种书刊——《关于秘制假药》，1909及1912，曾作了一系列的分析。这个分析揭发出，这些专卖的药品中，虽然有些是肯定有害的，可是大部分只是毫无用处的，其中唯一显著的地方是，成本加上印花税的数目和消费者付出的数目间巨大的差额。价值2先令9便士的止咳药片的成本只有1便士的三分之一；1先令一瓶的另一种药水的成本只有1法寻的十三分之一；一种以治疗毒瘤作广告宣传的电液，分析之后，什么也没有；另一种药水是以水来冲淡的不清洁的酒。跟着这次的揭发，下议院在1914年成立了一个特选委员会，该委员会的报告主张政府对所有的专卖药品都实行分析和管理——这种措施，到现在还没有实行，并且，甚至还没有实施的影子（1923）。

[3] 托拿朋盖和华伦夫人是萧伯纳两种著作里的主角。——译者注

人，或那些把薪水花费过头的愚笨职员[1]。 最后，我们还须注意到一个事实，即，由于“文明”的进展，工业先进国家越来越多的土地、机器和劳力——越来越多的、由牟利的强烈刺激发出来的、自命不凡的经营才能——都引向一种首先为着鼓励后来为着满足全世界对各种有害的酒精饮料的“有效需求”而经营的企业；至于鸦片、古柯碱和其他毒品的生产及走私，则更不必说了。 这种企业说明了现在许多豪门赖以兴起和许多乡间别墅赖以维持的大部分财源。 是否有人想到，假使把每年的储蓄，有考虑地用在扩充和发展那些好像最需要增加的生产部门方面——假使这些储蓄能由民主地组织起来的合作运动、由地方经营的企业或者由议会授权的国营工业来加以支配，那么，全国的红利中，还会有这样大的比例部分用于这些即使不是实际上有毒素的也是可恶的目的吗?

六、不事生产的收获

在生产工具私有者或组织者的企业中，许多讽刺事件之一是：全国积累的资金，可以用来保证获得价格上的巨大利润，而完全不必生

[1] 地方事务部政务次长，在 1900 年向下议院提出借贷法案时，曾引述了“两件曾被提到一个委员会面前的例子，这个委员会就是为本法案所要取缔的借贷制度而组织的。一个不幸的爱尔兰地主，名叫芬雷，从一个经营贷款的商人那里借了 300 英镑，并出具了一张 456 英镑的期票，按月分期偿还。 芬雷先生已经按期偿还了数次，不过有一次为续偿的部分所开的支票，迟交了一天。 于是支票退回，并要求付还全部借款。 而且背约的利息还要由他负担；当芬雷先生来到法庭时，他为了 300 英镑的借款，从 1890 年 11 月 13 日起到 1892 年 2 月 20 日止，除了分期付的 114 英镑以外，还被迫付出了另外的 600 英镑——总共是 714 英镑……另一个例子是：一个英国商号叫做亚当斯的，于 1892 年 11 月向伊撒克 · 戈登借了 50 英镑，并出具了一张 200 英镑的期票。 他于 1893 年 2 月又借了 50 英镑，同年 6 月又借了 20 英镑，并于 11 月又借了 50 英镑。 从 1892 年 11 月到 1894 年 9 月，亚当斯先生总共偿还了 461 英镑，可是在 1894 年 10 月，戈登仍宣称：关于这笔 220 英镑的借款，还欠他介绍费（佣金）5 英镑……戈登遂根据那一张期票，向伯明翰郡法庭提出控诉”（《韩辑议会实录》，1900 年 6 月 21 日，第 681 页）。 这议案曾交付一个有权威的法律委员会审查，该委员会的报告说：“经过仔细考虑证据以后……本委员会毫无犹豫地得出结论，认为职业放债者高利贷款的制度，足以产生犯罪、破产、对债务人的其他债主不公道的待遇、向债务人的家属和朋友勒索敲诈以及对社会发生其他的严重损害”（《下议院特选委员会报告》〔House of Commons Select Committee Report〕，1914，414，第 682—683 页）。

产任何有用的或有害的商品或服务。一位拥护近代资本主义的德国人告诉我们说："旧式的资本主义企业主，都是带着技术的烙印的。近代的企业主则是毫无色彩的。"他也许决定将他所有的或所控制的信用和资本用来制造商品或提供服务，或者，他也许发现，用它来制造不代表任何资产但以浪费的开支来登广告和抬高纸上价格的"证券"，还有更大的利润。"从此以后，股票和股份出现了；这种出现，并不是由于有人有筹集金钱和依靠信用的需要，而是完全独立地作为一种资本主义企业来举办的"[1]。事实上，"野猫"〔Wild-cat 一种投机公司。——译者注〕的举办工作，和有用企业的辛勤组织工作，是一样地一年做到头的，并且也是一样稳定的利润泉源。"这一类的欺诈"，我们最伟大的最高法院院长于 1898 年在伦敦市长举行的招待会上说，"正在这个社会里蔓延着——一种最危险的、活动广泛的欺诈——接触着所有的社会阶级，使社会受着巨大的金钱损失——这损失大部分由那些最缺乏负担能力的人来负担。并且，甚至还有比这更加重要的、是那阴损和败坏公共道德感的欺诈，而这种公共道德感是凡属关心社会福利的人都应该当作共同目标来维持的东西——这是有伤荣誉和玷污名声的欺诈"[2]。"一个例案是这样的"，这位最高法院院长继续说，"一笔财产的买卖是讲妥了，或者，至少可以说，卖主试图将它出卖了，——这是一笔在非洲西海岸的财产——卖价四万八千英镑，而这财产在出卖时却完全没有存在。在这次虚构的买卖做完之后，一个代表便被派出去作调查；这位代表的报告记载说：有一笔财产以 140 英镑从当地一个土人酋长处买进，他认为这差不多符合发起书上所叙述的虚构财产的情形。

[1] 桑巴特：《犹太人和近代资本主义》，1913，第 101 页。

[2] 收买没有经商训练或经商能力的贵族和其他社会名人来作为引诱头脑简单的投资人这件事情，与将爵位卖给那些没有品德的暴发户这种公开的丑恶事件，恰恰是一个对照。1900 年上议院 586 名贵族中（连同教会贵族在内）共担任了"不少于 435 个商业组织的董事或董事长。在各公司的贵族董事中，有 2 个主教，9 个公爵，8 个侯爵，53 个伯爵，9 个子爵和 81 个男爵——他们都是上议院的议员"（麦克尼尔：《诈欺的公司和坐视的议会》〔J. G. Swift Macneill: Company Fraud and Parliamentary enactivity〕，载《批发合作社年刊》〔Annual of the Co-operative Wholesale Societies, Ltd〕，1900，第 174 页）。

另一个例案是：一个企业，在公司组成以前几星期，曾以637英镑买进，后来在市面上卖出时，它吸收了大约76 650英镑。这些都是较显著的例案。还有一种盛行的欺诈——我只是根据我在法院的经验来说——是这样的：拿尚未缴纳足额的资本来做分配股息的勾当。公众的认股并没有像预期的那样踊跃，因此只能从他们收得小额的金钱。那么，怎么办呢？一个诚实的、独立的、没有利害关系的内行的董事会一定会说，根据这样的认股情形，分配股息是不可能的事。可是，他们不是他们自己的主人翁；在我所想象的例案里，他们是发起人的傀儡，发起人给他们薪水；他们没有独立思考的地位。结果怎么样呢？发起人把所有一点钱都收刮干净，而为维持公司的悲惨的衰弱的生存起见，董事们发行了债券，这种债券大半是没有登记过的，关于这一点，债券持有人也没有得到通知。于是这公司得以经营相当数量的生意；零售商和批发商都与他们做生意；等到垮台的时刻一到，债券持有人立即蜂拥而至，将他们的存货——公司所有的东西——一扫而空，弄得许多债权人一点补救办法也没有”。

牟利企业的一种更加狡猾的方式是把公司的资本额估计得过大。“一个确值10万英镑的公司”，这位最高法院院长告诉我们说，“根据那个资本价值，很可以对所投的资本支付一笔相当好的赢利，可是，如果把股票升值，借以满足中间人和发起人的贪婪要求，并靠着它来支付浪费的广告费，浪费的专家报告费，为延请董事而赠送的金钱或股票，甚至为董事的介绍人而作的赠与，那么，这个公司就变成一个欺诈的公司了。于是它便根据这种方法，按照升值后的价格——实际价格的2倍或3倍——在市场出售了。在这种例案里，损失和失败是肯定的，并且公众还要为了在他们头上所行使的欺骗付钱，这还有我来说的必要吗？”假使说董事会能为这公司的业务带来实际的营业知识或政府的支援，这至少也可以减轻一点它的坏处。可是，特别显明的事实是，在实在太多的事例里，他们既不能带来业务知识，又不能带来政府的支援，他们之所以被挑选为董事，就是因为他们的名字或头衔对于公众是有吸引力的[1]。的确，营业的失败，尽管带来了一切的损耗和资金的损失，以及它所造成的破产、失业[2]和毁家的悲剧，但就资本家们整个阶级来说，从这种专门经营使大胆而又缺乏经验的小零售商上当的商行，到那些注定迟早要“改组”的大饭店的发起者和装备者，仍是和那种以劳力为基础的隆盛的新工业一样地获得利润。伦敦郡议会曾经造成的一次“损失”，是不容许我们忘怀的。造成这次“损失”的原因，是议会组织了它自己的工务部门（为了反对包工“集团”的一种自卫的机构）和自己经营了那私人资本主义已经遭过惨败的一种企业，就是，泰晤士河上的汽船交通事业（为成千上万的乘客带来了健康和娱乐）；反过来看，在“私有企业”之下，在使用庞大数量的资本、才能和劳力举办的服务事业中，有意地和继续地抽取一部分来，像上述的方式，搞点不赚钱的有利于社会的事业，则没有听见过。

---

[1] 《泰晤士报》1898年11月10日。罗素勋爵宣称：清理官曾告诉他说，从1890年到1897年“社会所损失而落到那些不正当的人的腰包的总数，不下28 159 482英镑；其中属于与公司往来的债权人的损失为7 696 848英镑；属于投资者或股东的损失为20 462 633英镑”（这些数字只是关于被迫倒闭的公司，那些减少资本的公司不在其内）。由于破产而丧失固定职位的损失，已由1909年贫穷救济委员会少数委员的报告指出。调查人员在研究使人们失业的原因时，发现破产或雇主营业的改组占着很重要的地位。“在1899年，即贸易繁荣的一年，在英格兰与威尔士，共发生破产及立契出让给债权人的案件7 085起。在1904年，在循环的经济萧条的深渊中，这种数字就增加到8 631起，或增加了百分之二十二（《贸易部关于破产事件第二十五次年报》，载《下议院文件》，第254号，1908年）。如果我们假定每一起案件里，平均只有10个人失业的话，那么，虽然整个营业一直没有完全停顿，这个统计就说明了在一个旺年，有70 000人并不是由于本人的过失而丧失了职位，而在一个淡年，就有86 000人同样地失掉职位。并且还有许多小的营业是不经过正式的破产而失败和倒闭的”（《少数委员报告》，第572页）。

[2] 我们由于问题尚有争论的缘故，没有提及关于全世界股票交易和物品交易市场的巨大投机活动。一部分的投机，可以为之辩护说，它是平衡物价的一种间接的（但我们以为是麻烦的）方式。可是，近年以来，正当的投机，已经被商业赌博的严密的上层建筑压在底下了；这不只是出现在证券方面，并且还出现在主要的食品和原料方面；所有关于小麦、棉花等物品的期货（近期和远期）买卖；“卖空”和“操纵市价”，“抬高价格”和“压低价格”，“全部抛出”和“急速转卖”的诡计，以及在指定保证金上的赌博等习惯，都是致富——往往是巨富——的窍门，可是它们除了造成各种生产者的收入和各种消费者所付的价格的极端不稳定以外，没有生产任何东西。“商人注意的主要点”，费布伦教授说，“已经从曾经一度与他生活密切攸关的对于工业生产过程旧式的监督和管理方面，移转到投资方面敏捷的调度上面，使之从赚小钱的冒险转到赚大钱的冒险；和移转到通过机巧的投资及与其他商人合作的方法获取商业上战略的控制权上面去了”（费布伦：《商务企业的理论》，第24—25页）。再者，这种活动也意味着生产过程上危险性和不稳定性的实际增加。“大概地说，这类商人，只要他们不是别有用意的话，是欢喜把商场的骚动搞得越严重越频繁的，因为他们的利益就在商情的变动上面”（同上书，第34页）。

七、推销机构的过度发展

牟利冲动中一个最重要的并且确实是最难预见和最难认识的结果是，它所带来的为推销而推销的机构的过度发展；这种为推销而推销的机构，是与商品的生产机构及正当的分配机构有区别的。作为利润泉源的贸易和金融的过度发展，层层剥削的寄生的中间人的成长，使得不只在一个高度组织的资本主义国家里，而且在所有高度组织的资本主义国家里，用于竞争和往往是欺诈的广告方面每年成亿英镑的费用[1]，已经走到这样的极端，以致人们都说，一件物品生产以后，它的推销费用比起全部制造费用——整个生产过程，从头到尾所需要的一切材料和一切部件，运输过程中从种植地或矿场起直到把制成品运到货车上，所耗费的一切成本来说，还要多得多。可以不算过分地说，资本家的独裁，在私人利润的刺激之下，已经把我们带上了这样的一条路上，以致在今日的英国，全国四分之一（甚至可能有二分之一）的土地、机器、劳力和商业才能，都卷入到牟利工业中，使我们作为生产者所生产的商品，被当作牟利对象，仍旧回到我们消费者的手中。

也许可以问：为什么不应当这样呢？分配过程中的成本高于比较更加集中的生产过程上的成本，在表面上看起来是不足为奇的。一个显明的例子是自来水的供应，在这一种企业里，生产方面是不需要任何

[1] 狄布里在其所著的《供求的定律》一书里（第 183 页），曾引用了广告顾问社社长罗素先生所作的估计说：在这个国家里，每年用于广告的费用，总共有 1 亿英镑。“这是一个很大的数字，并且，当我们把它与全国整个机器工业的产量相比的时候，这个数字好像还要更大一些。全国的机器工业，包括造船工业和发动机工厂在内，在 1909 年的总产值，就整数来说，约为 1 亿 5 千万英镑，其中 7 千万英镑是原材料的成本。它们净得的产值是 8 千万英镑，比联合王国的广告开支还要少些。”美国和加拿大在这方面的开支，合计起来，至少有 2 亿 5 千万英镑；德国、瑞士和工业的奥国在这方面的开支，合计起来大约与英国相等；因此，我们可以估计，欧洲和北美洲用于广告支出的大概数字是 5 亿 5 千万英镑。

成本的，而分配方面则需费很大。任何看见过针或钢笔的机器生产或甚至7便士的布面装订书籍的生产的人，都能相信，将成品从机器上运送到消费者手里的任务，要比从原料生产出它们来的任务，需要多得很多的时间和劳力。再者，由于一种产品的存在和用途，如果不使消费者知道，则这种产品就等于不存在一样，所以广告的事业，在国家的工业中，就也有它的正当的作用。

可是，牟利制度下发展起来的分配过程，可以更适合地说是一种拦路打劫和敲诈勒索的严密制度。从生产者到消费者的康庄大道上，现在被一些人设立的一系列的海盗式的关栅堵塞住了，而这批人既没有筑过也没有修过这条路，只是潜伏在它的一段地区上，开办了一种征收通行税的业务。也许一个更加准确的比喻是，一条运河，在河的面上安置着许多不必要的水闸，使转运的驳船在那里轮番地上上下下，直等到它们仍旧回到它们起运时原来的水平面上，并且它们根本就不需要离开这个水平面。至于牟利的广告的消息，亦只是当作混淆真相和勾引公众的事情提供出来的。举例来说罢，某人已经有了一件工具，如缝纫机或打字机或汽车之类，他能够很好地使用它10年；可是有一种特别大的努力，要通过广告的方式来诱使他每年买一个新牌子的工具；宣传横也好，竖也好，已把工具作了一番改动，使他相信这个新工具确有许多改善的地方。其实这种改动，往往是可有可无的，或者反而是减低效能的。正是从牟利的追求发展出来的结果——分配和宣传部门充满了“卖不掉的货色”或毒瘤——才使这些部门那样地费钱和那样地作恶，并且给我们已经举出的那些销售机构过度发展情形的显明例子作了说明。

销售机构的这种过度发展，是制造商和批发商人为了牟取利润，不顾需要强求不断增加产量而产生一种永久性的焦虑所造成的。在资本主义的初期，特别是在英国几乎独占了机器生产和动力的使用的时期，商品的产量通常是不会完全满足国内外市场的有益需求的。那时，全世界仍是渴望着获得各种各样的商品。等到欧洲的需求已经达到了饱和点时，热心的商人们“还能在东方的偏僻角落里，追逐到了一些世界上尚未被满足的需求和随之而来的利润，从而获得了一些愉快的年头”。商人的主要任务是将商品运送到高价征求的地方——直截了当地说，即在最低价格的市场买进，在最高价格的市场卖出——只要他们所经营的销售业务一直畅行无阻，那么，旧经济学家所说的定理，即认为物价的波动，只要是在还能忍受的最恶劣情况下，在长期过程中终久是会接近于生产成本的（包括运输的成本），就还有一定的意义，因为，生产过程中任何增加的效率，或者，商品从生产地到消费地运输过程中任何增加的便利，都为消费者带来物价的削减。

八、“生产过剩”是怎样发生的

但是，随着所有文明国家制造业大规模的扩展，这种效率提高和物价降低之间的因果关系，就宣告结束了。牟利的制造商和销售商们，在不断扩大营业以追求更多的利润当中，已经走过头了。他们为全世界的所有市场生产了暂时过多的商品；他们对于这些商品，只好或者以极大的牺牲留存起来，或者亏本卖出去。“在这点上，我们就到了我们庞大工业制度一个大问题的边缘了”，一位对于这种销售机构普遍过度发展情形的最敏锐的观察家告诉我们说。“假使我们把现代生产资源的水闸打开来，大批货物就会以惊人的廉价，并且要一直下降的更廉的价格，倾泻出来，奔流到各市场里去，使商业酬报的可能性化为乌有。这种比拟，是非常恰当的，一点也不需要加以修改。任何价格上的屏藩都不能拦住这种泛滥；并且这样形成的洪流，还会意味着产品的浪费和生产资料的可能破坏。所以，现代的工业，除必须花费大量资本来降低生产成本以外，还必须划出总数更大的一笔资金来维持推销商品的机构。”“现代工业的生产力是这样地大”，狄布里先生解释说：“以致在几打拥有优良训练的工业人口的英国、德国和美国的适当城市，投下相当小的一笔资本，便可以生产种类极多、能够无穷尽地扩大生产的货物，足供全世界之用。不过，我们现在所讲的大数量，是那种如果没有更多的销售组织便永不能有利地被销售掉的数量。”“费用大的，”他总结说，“不是生产，而是销售。既然工业的大部分报酬，在表面上都跑到那些从事于调节卖出、买进又卖出的商业组织成员的手里去了，我们也应当想象得到，在这些使他们获得巨大报酬的任务里，一定也有些相当的困难。它不可能完全是欺骗和盗窃的勾当”。[1]

九、资本主义是怎样增加成本的

这样大胆提出的结论，是不能完全令人信服的。一种要求真正才能的经营，并不能保证它就具有诚实的美德。小偷的技能也许比锁匠的还

[1] 狄布里：《供求的定律》，第 43，47，52 页。以降低成本来增加价格这种方法的一个最有趣的结果是，货品推销专家所赚的薪金，要比货品生产专家所赚的为高。“举例来说罢，”狄布里先生说，“‘兜到生意’这一句普遍通行的话，它并不是制造鞋子、大理石钟或可可粉的意思，而是为鞋子、大理石钟或可可粉找到了买主的意思。它说明了现在每一个人的思想领域，已经被一种思想所优先占领了，这种思想就是，一个以‘兜揽生意的能手’闻名的人，在他所乐于从事的任何商业行当里，事实上，自然会有他服务的现成市场。如果一个人有了这种才能，并且能够提出主意来使生产为这种生意服务，他就有了致富的捷径。它是生意中最宝贵的才能，任何一个想避免失败的人都不能没有这种才能”（同上书，第 180 页）。

“经济学者们没有明确地提出来的一件事实是，中间人在市场上的实力是由于他们处在交易中心的地位所造成的。他们可以一面向生产者取费，又一面向消费者取费；并且（除非有外来的竞争和内部的分裂）他们所需要做的，只是形成一个集团来同时操纵双方，使其有利于他们自己。战争，由于它紧缩了生产组织并加强了对生产的急迫需要，比经济学者们更明确地表明了，坏的或付钱太多的分配行业不只是对消费和价格有影响，而且在生产上也有反映。在世界大战以前，中间人是可以把生金蛋的鹅杀死的，而这些金蛋就是他们所从事买卖的东西；没有人会来过问他们；不在国内生产的粮食，可以从国外进口。但是，战争却把这鹅的地位抬高了……现在这种钱到哪里去了和为什么到那里去这种问题，应当是更加明显的了。大多数的鱼市场都是或多或少包办性质的组合；新来的人是不大受欢迎的。事实上，价格往往被提到天一般高来对付他。可是，他一经站住了脚，那么，为原来的商人的利益起见，他们就得团结他，以便一面对付生产者，又一面对付消费者。由于所处的交易中心地位，两边对付着分散的和比较无组织的生产者和零售者，中间商人便成了当时情势的主人翁；因此，几乎在每一个商务口岸，我们可以看到：

“（1）鱼贩和中间商人，比起鱼的数量来，人数实在太多；和（2）公认的收费和利润标准的被抬高，不是按照所担任的分配服务的抬高，而是抬高到这样的地步，使现有的过多人员，每人都可以从分配到的由他经手的鱼，谋得生活。

“假使一个小的和没有效率的中间商人能够从他所经手的数量不多的鱼，谋取生活，那么，很明显，在同样的利润标准上，一个大的和更有效率的鱼行，一定能够从更多的数量上，大发其财。”（向托拉斯调查委员会提供的证件，1916—1917，锐诺尔德所提备忘录《渔业中间商人的垄断集团》〔Rings among Fish Middlemen〕，未经政府出版）。

要高明。但是它的主要论点是正确的，这个主要的论点是：销出超过消费者真正需要的商品和发现消费者新的潜力这种职务，比起生产的职务来，确系困难得多，并且又是一种性质完全不同的职务。因此，它变成了一种单独的部门：自成一行的企业。并且，由于它吸收着一批脱离生产和脱离直接分配的但具有牟利才能的特殊人物，所以它最后就形成了一个中间人阶级；这个阶级起先是为推销剩余产品而作为制造者方面所不可缺少的人物，不久，由于创立一种为生产者和小店主所不懂的和所不能运用的金融和商业机构，他们就变成所有产品的推销方面所不可缺少的人了。就这样，中间商人便变为时势的主人翁了。他们不准生产者和小店主们竞争，从而以旧式的讨价还价的方法来规定物价。他们的理由（直等到他们处于指挥地位的时候）是，“那种方式会使我们同归于尽”。他们规定的价格是从自己利润的观点出发的，只有消费者感到宁可不要这种商品也不愿出更高的价格这一点，才能加以限制，因此，他们在大多数的生活必需品上榨取了最高的收费。不到半个世纪以前，美国经济学者瓦尔克曾宣称：作为企业主的制造商是工业界的最高权威。可是这个企业主却亲眼看到他的主人翁地位已经移转到有钱的中间人那里去了；而这个中间人，既不生产什么东西，又不分配什么东西，但却是销售一切东西的人。

因此就发生了一种似非实是的情况，即：由于推销方面更大的困难和费用，一种货品的生产成本（包括运输成本）越低，则它对于消费者的价格越高。或者，换一句话来说，竞争的增加，意味着推销成本的增加，并且这种增加的成本必须加在给予消费者的价格上。竞争越大，则零售价格越高！

十、独占企业的兴起和个人企业自由的否定

美国、德国和联合王国的最机敏的或最有势力的生产资料组织者，

是首先发现自由竞争的错误和牟利职业“让每个人按照各自的方式去发财”的悲惨结果的人们。当生产的方法变成了“公开的形式”，市场的追求已到了水尽山穷的时候，这种不只是一直磨括穷人，并且在即将磨括到资本家本身的削价竞争，在时髦的商人的心目中，当然不能当作致富的捷径。有势力的牟利职业者，虽然彼此不相信任，也不能不认识到联合行动比起“互相残杀的竞争”对他们是更为有利的，因为这种竞争一直引导他们的每一方面扩大自己的产量，并且还要用无限期的减价，或增加推销成本等方法以力求销售出去。我们不必去追究从 1825 年到 1887 年在英美商业界留下印记的周期性的通货膨胀和“生产过剩”；也不必追究过去半个世纪中“君子协定”、垄断集团、协会、卡特尔、托拉斯、联合公司和合并组织的产生过程；它们已将德国、联合王国及美国的各种工业，整个地转移到资本主义独占者小集团的控制之下了。在一种商业或工业里，团结所有牟利资本家的利益的必然倾向，可以在美国找到许多最惊人的例子。美国的政府报告和美国小说都反映了他们的许多恶毒行为，首先是美国铁路大王的，后来是煤油、肉品、铜、钢铁和其他无数商品的大托拉斯的。德国经济学者们赞美为条顿民族组织能力登峰造极的表现的、德国卡特尔的兴起，已受到特别在世界大战时期不断地模仿它们的英国商人所斥责！的确，今天每个国家的工业大王们都毫不迟疑地承认这些反对自由竞争并为法律所许可的阴谋集团，同时又为它们的活动作辩护。“在食盐联合公司成立以前，”它的一位代表在英国政府所派的托拉斯调查委员会上说，“曾有一个极尖锐的竞争时期，结果是大多数的制造商只获得很少的利润，假使确有利润可说的话。很多实际上破了产”[1]。“组织协会的原因，”一个重要金属公司的董事长在同一个委员会上说，“是由于这种工业在英国已经多年无利可图了，并且还有被国外的竞争和国内制造商之间太多的竞争所淘汰的危险；大家认识到，如果要挽救这种工业的

[1] 《食盐联合有限公司报告》，1918 年 9 月 11 日。

话，只有由制造商们联合在一起，组织一个协会……在国内市场获得了有利可图的价格的保障以后，他们就能够在出口贸易上以成功的竞卖价格战胜国外的竞争。他们有一笔经费，一笔作战的经费，专门用来津贴那些必须以低于经济价格的代价出售货品借以挡住外国的竞争的人们”[1]。“在过去，商业组织，”被单制造商大会主席向同一个审讯机构作证说，“在许多事件上，都把产量加以限制；他们了解到，如果一种货品的生产超过了所能销售的数量，结果一定造成无利可图的价格。所以，我们必须解决的问题是，怎样来生产最大的产量，而同时维持住有利可图的价格；按照我的意见，唯一的办法是采用过去德国施行得很有成效的办法。这些商业组织必须变成推销的经纪机构。那么，它们便可以在自已中间避免竞争，在能够获得有利可图的价格的市场里，获取利润，在有别的国家剧烈竞争的其他市场里，则在尽可能获得最好价格的情形下，也必须进行销售——必要时亏本出售——这样就可做出最大数量的生意，并且把无利可图的生意的负担，分摊到整个行业的身上。过去，德国亏本地出口了它的钢铁产品，结果得到了相当大的好处。将来，这个国家也要照样去做，也会有利可图”。“在现代工业的和商业的世界里，”托拉斯调查委员会的秘书在他的渊博的备忘录里总结说，“竞争——它的确从来不是完全‘自由’的——并且一年又一年地变为更不自由了。在许多贸易的和工业的部门里，认为相互竞争会把物价维持在竞争的水平上的营业机构，事实上，都有了这种或那种合约来制止竞争的活动。再者，在某些贸易部门里，以前敌对的企业，现在都合并起来了，结果是，在某些事件上，一个企业，或者一个在财政上互相密切联系的企业集团掌握了整个贸易这样大的比例，以致获得了一种有效的独占权”[2]。的确，现代工业的一切事实决定性地证明，工业企业投资的竞争式的管理方法和个别占有者事必躬亲的管理

[1]《托拉斯调查委员会报告（建设事务部）》，1919，《议会报告文件》，第 9286 号，第 5 页。

[2] 同上书，第 9236 号，第 5 页。

方法，都导向着毫无希望的缺乏效率的境地。[1]

这些连续不断的集中及其所带来的标准货品的最大规模的生产，以及许多不必要的成本的逐渐免除，是有工业上的优点的，我们不必抹煞它们。不过，很明显，在这些优点之中，全世界损失了资本主义赖以发生的和赖以获得许多伟大胜利的大量的个人主动性、个人的风险和企业的自由。更加严重的是，消费者丧失了制止价格过分越过成本的保障，品种和质量的保证和甚至认为自由竞争给予他们的充沛货源的担保。

十一、工业集中的缺点

的确，资本家对于权力的渐进的、虽然是隐蔽的篡夺，已经造成一

[1] 《托拉斯调查委员会报告（建设事务部）》，1919，《议会报告文件》。每种工业的雇主委员会向贸易部（1916—1918）提出的报告，都证明了各种重要行业生产方法上、机械设备和组织上极度的缺乏效率。调查战后工程业情况的部派的委员会说：这种缺乏效率的现象，“可以从现存的比较小的企业的巨大数量看出来——每个有它的个别的组织，个别的固定收费额，个别的买和卖的办法，并且每个都生产着重复的货品。其中有些好像对它们所生产的商品品种数目，感到骄傲；同时，愿意以较低的价格向竞争的对手购买物品的构成部分的，为数很少，即使对方准许它们这样做的话。闭关主义和隔离制度标志着战前工程业的特色。每一个制造商保守着他的秘密，并且，如果他有任何特殊的制造方法，他多少是很自然地希望自己保守起来，而不把它加入到全国共有的制造知识里去。许多厂商从事生产大量日用品的结果是，生产的品种紊乱复杂，以致没有两个制造商好像有意生产完全相同的物品……结果是运销全国的各种各样的货品，不必要地大量贮存着并且以不必要的高昂成本制造着。工人们则经常地从一种货品的制造方面调到另一种货品的制造方面，因而浪费了许多时间；而且机器的更换，又使相当巨大数量的机器停止使用，因为当某种特别货品暂时不生产的时候，专作这种生产用的机器就得停止使用。这是一种浪费的、成本很高的生产方法；它限制了产量，并且因此，减少了利润和高工资的可能性；同时由于没有复制的工作，致使计件致酬的制度，也无法大规模地实行。”的确，雇主和雇工两方面的自供和相互的控诉指明：无论如何，在工程工业里，资本主义的脑力劳动者和各级的体力劳动者都坚持着一种“磨洋工方式”——雇主们则控诉英国的机器工人说：他故意地把他的产量限制到“每天合理的工作量以下，并且这种故意的限制，最后对于他的品格产生了严重的影响，至于这种限制所养成的习惯，使他的体力不可能生产每天合理的工作量”。另一方面，工人们则把这种产量的限制归因于雇主们削减计件致酬的标准的措施，工人失业的顾虑，和劳动生产率较高的工人不能把年老的和经验较差的工人置于不利的地位这种信仰。（参阅《部派电气业和电力供应调查委员会报告》〔Reports by the Departmental Committee on the Electrical Trades and Electrical Power Supply〕及《贸易部关于调查战后英国某些贸易部门商情的顾问委员会小组搜集的证据》〔The Evidence before the Sub-Committee of the Advisory Committee of the Board of Trade on Commercial Intelligence for Securing the Position after the War of certain Brauches of British Trade〕，《议会报告文件》第8275号。这些资本家的委员会只有一种补救办法提出，就是：英帝国的政治和军事力量所支持的英国资本家的联合组织。

种独裁的制度了；为了反对这种独裁，不仅有工会分子，也不仅是社会主义者，而是整个的世界都在起来革命。美国的、殖民地的和英国的政治家采用的第一种挽救办法，是建立一种复杂的法律机构，这种机构，或者是将托拉斯和联合公司整个地加以取缔，或者是监督它们采用限制产品和提高物价的有害活动。但是，到现在为止，所有管制资本主义独占活动的尝试都告失败了。在所有资本主义国家里，垄断集团、议定价格的协会、卡特尔、托拉斯和合并公司，有的是全国性的，有的是国际性的，都从一种工业蔓延到另一种工业，它们积累的资金变得比以往还要大，它们的触须向上向下伸展开来，独占着天然的资源[1]，包揽着制造的方法，控制着运输的工具，并且以操纵价格和限制产量的办法越来越牢固地统治全世界的市场。“竞争是变得越来越脆弱，越来越短促了，”李斯特·瓦尔德教授总结说，“联合的组织是变得越来越有势力，越来越固定了……思想准则上打倒竞争的合作趋向，只有以一种更高的合作形式来加以克服；这种更高的形式能够控制住较低的形式，并且能够使自然的力量再一次获得自由”。[2]

十二、对于工业集中的崇拜

现在，毫无疑问，世界大战的结果，已经在英国、美国、法国，

---

[1] 托拉斯已经出来控制工业里那可以认为是机器动力的第二大来源了，即水力发电。“一个调查人员新近发表了一些使人信服的证据，论到两大公用组织，史通—韦白斯特公司集团和通用电气公司集团，都正在系统地攫取国内尚未开发的水力资源的控制权……工商活动对于水电日益迅速增长的依赖，将很快使水力的所在地处于具有巨大价格的地位。我们知道，这种财产的获得和保有，可以不花一块钱的资本，而保证有巨大的投机利润。我们知道，工业动力的来源是这样地有限，以致水力的集中和无限制的控制在少数私人公司手里，将很快成为可以想象得到的最有势力的独占自然资源的垄断企业的基础”（伊利等：《国家兴隆的基础》〔*The Foundations of National Prasperity*，by R. T. Ely，etc.〕1918，赫斯：《资源的保护和经济的进化》〔Ralph Hess：*Conservation and Rconomic Zvolution*〕，第159页）。

[2] 《美国政治与社会科学年刊》第8卷，第4号，1893年1月；瓦尔德：《社会经济的心理基础》（L. F. Ward：*Psychologic Basis of Social Economics*），第89—90页。

尤其是在德国，加速了（比一般认识到的加速程度还要快些）每个工业或每个工业集团里个别资本主义企业的纵的横的合并过程，以便公开地结束国内外市场里的自由竞争。经济学家对于这一点也不能有所怨言。因为，在国家生死存亡的斗争的紧张情形下，行政方面的新发现之一是，在达到最大的生产力方面，无论是质的方面也好，量的方面也好，竞争的牟利制度都遭到了失败，并且几乎是骇人听闻的失败。在每个国家一个又一个的工业里，人们看到，敌对的牟利者之间的竞争越是有效，生产的过程，总合起来说，越是缺少效率和不经济。因此，许多资本主义政府，对于干涉竞争的牟利活动，虽然有极端的偏见，政府部门仍不得不强迫资本家们停止彼此间的竞争，而结合为大规模的组织或协会，以便利用全部力量来以最高效力的方式，将总的供应量提到最高限度。那就是说，当每个国家的统治阶级真正地关心到产量的时候，“利润的法庭”，及其无组织的消费者的陪审官们，都被抛在一边了；而与利润无关系的成本会计专家，这个新阶级所组成的“审计的法庭”，却获得了资本主义工业的裁判权了。但在战争停止的时候，倾向于维持资本主义王朝的政府却又急急忙忙地放弃了它们新发现的控制方式。不过，“审计的法庭”虽经放弃，“利润的法庭”却并没有恢复。正如经济学家们不会看不到的，“为共同的目标和照标准的方法而合作的习惯，已经揭开了业务行政上许多节约的窍门；这些窍门，虽然是在金融和商业十分动荡的时期为了管制物价的显明关系而产生的，却对战前资本主义走向联合组织的趋势给予了一个很重要的刺激。认为这些大的联合组织，特别是在金属业和机器业、化工业和某些纺织业及陶器业，以及有关建筑、铁路、船运的联合企业的附属工业，有恢复自由竞争的可能，实在是白费心机的事”。[1]

[1] 霍布森：《新工业秩序的动因》（J. A. Hobson：Incentives in the New Industrial Oerder），1922，第 16 页。

十三、“不得不走的第二条路”

就这样，现代资本主义的牟利者，由于取缔了单纯的竞争自由，竟使社会面对着一条不得不走的路了；或者消极地屈服于这种现在已被承认并且接近完成的资本主义的独裁，或者不加拖延地建立一种使社会可以控制它所赖以生活的工业和服务事业的任何社会机构。或者是托拉斯来占有全国，或者是全国来占有托拉斯。并且，这种不得不走的第二条路已经被眼光清楚的保守党人所承认。塞西尔勋爵写道：“认为把一切生产资料放在国家手里，比让它们由一些私人的联合组织来独占，还要更加危险和更能作恶，那是很难使人信服的。的确，摆在我们面前的切实可行的路是：竞争（无论如何，在我们本国人中间的竞争）或国家的控制，并且，为任何私人集团的利益，或者比国家较小的任何组织的利益而限制竞争的任何努力，都将很快地被认为不可忍受的措施。”[1]

十四、脑力劳动者与生产工具的分离

18 世纪后期和 19 世纪初期在英国发生的工业革命，以及在 19 世纪中在美国和欧洲工业地区发生的工业革命，已使体力劳动者和生产工具所有权——如我们平常所说的——分离了。等到 19 世纪股份企业兴起，企业及公司合并为庞大的垄断集团、托拉斯及联合公司，拥有以千万英镑甚至以成亿英镑计算的资金的时候，脑力劳动者与生产工具所有权的分离，更走向了极端，使他们降到支薪给的雇员地位了。英国过去一世

[1] 塞西尔勋爵：《保守主义》（Lord Hugh Cecil：Conservatism），1912，第 104 页。

纪的四分之三时间，美国过去的半个世纪，德国及法国的过去的三四十年，都证明了大多数工业组织者和经理者日益加速地脱离了主要物质财富的所有权；这种主要的物质财富，包括土地、建筑物、矿产、机器和工厂以及运输产品的工具。

这种分离的现象，是作为私有制的结果而逐步出现的。在工业的管理和领导方面，遗产法的运用逐渐地打破了“适者当选”的规律。奢侈家庭的纨袴子弟，继承了他们父亲经营的业务；这种继承，至少不是根据他们牟利的才能而挑选的，因为这些业务也逐渐地丧失了那些作为资本家独裁理由的品质标志，如创造能力、发现能力和进取能力。而且，这些业务又不像18世纪的情形那样，时常遭到失败。

已经证明越来越切合实际的办法是，采用雇用脑力劳动者的办法。一代又一代的人们看到，数目日益增加的企业都是由领薪给的管理人员领导的；这些管理人员就是企业中游手好闲的老板们的靠山。金融方面的、更大范围的运输方面的以及目前相当巨大规模的矿业、制造业与贸易等方面的股份企业的发展，揭开了一种未曾预料到的事实，就是，领薪给的人员主持的管理工作，在董事会的监督之下，很能够维持大的和各色各样的企业的存在，并能够为股东们赚到合理的股息；同时这些董事们本身，也逐渐脱离了本企业的占优势的所有者地位，而成为事实上只是以做董事为职业的有薪给人员。在有些方面，有薪给人员管理之下的股份企业，例如银行业，实际上，几乎在所有国家之内，都把个别资本家自营的企业打垮了。在英国，矿区使用权制度的兴起，乡绅统治的没落和城市房地产业的大量发展，已经促成了一种收租阶级的形成，以代替从事农业的地主，这种收租人在不动产的管理方面，并不比收股息的人在工业的管理方面过问得更多；在法国和德国，如同在联合王国和美国一样，这两种人就形成了代表私有财产的“靠利息生活者”的一个阶级。财富生产工具的所有权——在英国也许达全部财富的一半——现在就按照这样的方式，移转到稳步增加的丝毫不起作用的股东和收租人的一个阶级手里去了，他们有男的、女的和小孩们，总计可能不到人口的百分之二；他们不过问工业，并且多数甚至不知道他们的收入来自什么地方。这些无耻地“靠所有权生活”的人们收入的总数，明显地相当于先进工业社会全部生产的大约五分之一或四分之一。

十五、专业阶级的兴起

但是，约翰·穆勒在七十多年前称为“社会大害的游惰富人阶级”的大规模发展，还不是当前情况中最重要的特征。与这个阶级平行发展的是，在所有先进的工业国里，一个更大数目的、有薪给的、各种等级的脑力劳动者阶级；他们没有牟利的刺激，并且，除在收入许可范围内为养老及靠他们生活的人们作有限的准备外，也没有“发大财”的远景；他们大都终身从事于各种工业的和专业的服务。这个阶级的一个极小部分，获有巨额薪金和其他业务报酬，并且可以列入资本主义工业的董事的行列中，其中有些人实际上也转入资本家的队伍里去了。可是，其中绝大多数的人，都是终身为了十分有限的报酬作工头、经理、会计、科学工作者和各种各样的技术人员——甚至作设计师、作家和发明家；同时与他们一起合作的，还有无数的办事员、店员、推销员以及各种各样职业的助手。与这类人们列在一起的，还有迅速增加的大批的各类公务人员，从公立学校的教师及市政官员直到国营服务事业的最高行政人员。在世界大战之前，已经可以说，联合王国有 100 万以上的人（陆海军人员不计在内）是由中央或地方政府直接雇用的，像格拉斯哥或曼彻斯特这样的城市，就有百分之二十的家属是向市政府领薪的。[1]

现在，这种新的社会底层人物包括每个国家广大的积极的脑力劳动

[1] 在德国和法国这样的国家——在澳大利亚和新西兰也是一样——在世界大战以前，这个比率；甚至还要大得多；虽然在美国，由于铁路、电报以及多数的电车、煤气和电力服务事业仍在资本家的手里，这个比率比较小些。

者——诚实的、勤劳的、高度熟练的和成绩卓著的人们；这个阶级的成长和遍地都有的服务，已经使资本家的下述论点变成荒诞无稽的了，即认为在工业的领域里，只有通过牟利的刺激和“成家立业”的野心，才能获得社会上有效的服务的谬论。同时，这种“有知识的无产阶级”发现，资本主义制度对于脑力劳动者的广大群众，实际上也没有值得追求的东西。在许多事件上，他们发现他们自己在金钱方面比体力劳动者还要坏些。他们往往赚得很少；他们的生活有时更加没有保障；并且他们在大多数情况下，还是更大的个人专制的对象。他们越来越多地在工联主义性质的组织方面寻求挽救办法；并且，和体力劳动者一样，他们正在日益增多地为他们的职业要求对公共服务事业所应有的尊严和保障。一个重要的事实是，这两个阶级都不要求获得财产来挽救他们的贫困。虽然，已经有人在宣传所谓“平均分配的国家制度”，假使每一个人都能成为一个所有者，从而消灭贫困，可是劳动者们，无论体力劳动的或脑力劳动的，在要求以光荣的服务来作为谋生的手段这一点上，实际上都是一致的。这一种诚实的、有效率的和奉命行事的“薪水阶级”的发展，不仅强调出牟利动机活动的范围不断地缩小，并且，正如我们将要看到的，使工业组织的另一种代替的制度，成为切实可行的措施。

十六、饥饿的鞭笞丧失了

我们现在要谈到已经开始的资本主义文明不断衰亡的一个最有力的但在以前人们最不愿承认的因素。在20世纪政治民主的气氛里，运用饥饿的鞭笞，已经变得越来越不可能了。

现在，我们知道，使资本主义制度获得初步的、差不多是自发的成功的原因，是由于施于体力劳动群众身上的饥饿的鞭笞较多，而由于牟利的动机（这实际上只能在极少数的企业者中间发生效力）较少。这就是为什么，从科学的经济学家和社会主义者看来，工业革命的主要特征，是工人脱离生产工具所有权这个事实，而不是那些改变工业生产方法的一系列的技术发现。新资本主义企业主所有的、仓促地和同时地解雇成百甚至成千工人（他们除此以外本人和家庭就别无谋生之路）的权力，这是一种为中世纪社会甚至在 18 世纪初期的英国和美洲殖民地也不曾有过的新的独裁制度[1]。每种工业循环不已的膨胀和萧条，工业生产方法上接踵而来的革命，和对外贸易的起伏不定，都影响到毫无限制的日益扩大的城市里新近麇集一起的人们，都在一代接着一代的工资劳动者的心目中，留下了难忘的烙印，叫他们认识到一个无产的人，只有服从资产阶级，才能获得他自己的和全家的生活。但是，至少在英格兰和威尔斯，在机器工业开始的半个世纪内，曾经缓和了这种新的独裁。如果资本家不能或不愿给予健壮的人足够维持生活的工资的工作（这种工资是可以，并且确应该由治安法官规定的），那么，这个健壮的人就能按照伊丽莎白女王颁布的“贫穷救济法”，要求教区视察员安排工作，或者从贫穷救济税款中贴补他那微小工资不足维持本人及家属生活的缺数；至于身体不健康的人们，则当然发放全部的生活救济费。我们已在别的地方叙述过，英国一个个教区的视察员怎样地面对

---

[1] 值得回忆的是，不只是在中世纪时代的英国，并且在 17 世纪和 18 世纪初期的英国，大多数的工人都是占有他们的生产工具和劳动所得的。自耕农、家庭手工业者、城市手工业者及他的由学徒出身的职工和学徒，也许会由于歉收、瘟疫或火灾、对外战争或改变行业或生产方法，而使他们自己和家属处于饥饿的边缘。对他来说，这一切对于习惯了的生活的临时干扰，好像是上帝的行动，无论怎样都不会改变他与环绕他生活周围的社会关系的。只要这个小工业团体的首领占有生产工具和他的劳动所得，并且能够为他的家属和同胞生产食物或其他的商品，则由于不断的失业而产生的、特别是由于经济上的支配者故意使他失业而产生饥饿的恐慌，实际上是不存在的。再者，自耕农或自己当家作主的手工业师傅，由于运气不佳而受到的任何损失，都可以从生产方法上缓慢的但却不断的改进上——资本主义萌芽时期的特征——获得补偿而有余。就这样，我们在 18 世纪上半期发现到一批人数固定的强横工人，他们喝着大量的酒，吃着不少的肉，游荡街头，在市集里从事赌博和斗殴，有时候还要招募一些以拦路打劫为职业的英雄好汉，有时候还要以职业流浪者的身份走遍全国，并且一般还表现着这样的作风，以致道貌岸然的治安法官为之惊倒，而急忙去组织社会风气改良促进会，同时使城市里蓬勃兴起的、丑名昭彰的、做生意的治安法官们，有违法收入的无限机会。关于与工业革命同时发生的匮乏和贫困增长情形的详细叙述，见维伯夫妇：《英国地方政府：特种的法定权力》（S. and B. Webb：*English Local Government：Statutory Authorities for Special Purposes*），1922，和《教区与郡区》（*The Parish and the County*），1907。

着成百、有时成千被资本家拒绝继续给予工作因而沦于穷困的男人、女人和小孩们的情形，并且也叙述过，地方政权，抱着使穷人为自己的生活而生产的空洞希望，根据个别的法律设立许多劳动救济院，以便“为穷人安排工作”。毫不奇怪，由于资本主义的扩张，在某种程度上抵消饥饿鞭笞的贫穷救济费的总开支也增加得很快。在18世纪的初期，全英格兰和威尔斯征收的贫穷救济税仅勉强达到100万英镑。在此后一世纪的七十五年之内，它便慢慢地增加到了170多万英镑。在1776年和1785年之间，它突然地增加了百分之二十五。在19世纪初期，它便增加到400万英镑以上，到了1813年又增加到将近700万英镑，1818年复增到了将近800万英镑。1815年的和平，好像1918年的和平一样，带来的社会情况，比二十年的战争所带来的还要更坏。从1816年初起，英国就遭到了史无前例的贸易停滞。“穷人，”布兰特于1816年3月28日在下议院里说，“在很多的事例里，放弃了他们自己的住所。整个的教区荒凉起来了；并且从一个教区流浪到另一个教区的日益增加的成群穷人，又将这种荒凉惨状传播得越来越广。”[1]

十七、“惩罚性的贫穷救济法”的插话

到了1832年，每个开明的人都完全明白伊丽莎白女王颁布的贫穷救济法与资本主义制度的工业是绝对不相容的东西。只要用教区的资金来“安排工作”的这条路是为健壮的男人和女人开着的，只要教区劳动救济院一视同仁的游惰生活——即使不是“厂外救济”的自由生活——这条路是为不健壮的人们开着，并且，只要以公家费用从一个郡转到和再转到另一个郡借以寻觅他们合法居留地的教区的机会，是为那些有冒险家

[1] 《韩辑议会实录》，第33卷，第671页；瓦勒士：《佛郎西斯·卜雷斯生平，1771—1854》（Wallas：*Life of Francis Place*，1771—1854），1898，第114页。

精神的人们开着，那么，怎样能够使男的、女的、小孩们的广大群众，为了往往不足维持生活的工资，并且在很悲惨的和不卫生的情况下，在24小时内辛苦地和紧张地工作到12、14、16小时呢？ 我们不必去重述人们常说的、被教区官员们的漫不经心所减轻了的资本主义统治下英国大批人民贫穷化的故事，也不必去重述托利党治安法官们的仁慈的和引向错误方向的努力，即企图用津贴的方法来获取都铎和斯图亚特王朝立法所要求的和施行的全国最低生活标准。 逃出这种进退维谷情况的办法是一定要找到的。 因此，1833年改革后的议会第一件伟大的立法成就是，随着资本主义制造商以及跟随他们的大小商人和店主组成的新中产阶级的获得选举权，通过了1834年著名的“贫穷救济法修改案”；显明地把受救济的贫民的生活条件规定得比最低级的苦役工人还“更差”。 每个失业的健壮男人，不管他失业的原因是什么，只有两条可以选择的道路：或者在资本主义牟利者所给的任何工资和任何条件之下工作，或者在一种蓄意为难的惩罚纪律之下过他不够温饱的牢狱生活。 英国的工资劳动者对于这种不经过申诉就被断然地置于资本主义独裁下的办法，已在宪章运动中表示了他们哀苦无援的愤怒；同时，工会组织又本着双重的目标加速地建立起来，这双重的目标是：关于雇用的条件，以联合的力量来对付资本主义；关于防止成员们失业，以联合的力量来加以保障。

但是，另一种力量也在发挥作用。 工资劳动者通过他们的工会和政治组织，为了争取政治选举权而采取的、缓慢的但是不懈的压力，导向了一个结果，即1867年到1918年间在联合王国和在其他国家里，施行了成年男子以及后来包括妇女的成年人的选举权，对于这种运动的政治后果，我们只是慢慢地才察觉得到。

十八、“惩罚性的贫穷救济法”的废除

明显的事实是，正如资本主义的选举权不能和伊丽莎白颁布的贫穷

救济法相容一样，民主主义的选举权也与代替这种贫穷救济法的“惩罚性的贫穷救济法”不能相容。一直到20世纪，“开明的舆论”，无论是主教的或教授的、商人的或公务人员、热心访问各地方的人士或办理贫穷救济事务的能干行政人员的意见，都拥护着“劳动救济院的测验办法”和“使救济条件更差”的原则，以便劝诱人们接受资本家的雇用，放弃贫穷救济法上规定的救济。一次又一次地证明，如果给了失业者以合理适当标准的救济，无论是救济性的工作或是失业救济金，将使其中的许多人拒绝接受在雇主们所提的条件下工作，并且，许多人将在长期只靠救济不事劳动之后，丧失受雇劳动的能力。一次又一次地证明，任何用“厂外救济”或者甚至用暂时在劳动救济院寄居的办法来补贴收入最差工人的苦役工资，都会扩大苦役的范围，而使这种补贴变成了立刻按照补贴数目将工资再行削减的那些最残酷的雇主们的补贴了。但是，想把资本主义制度与伊丽莎白时代“工作或救济”权利的观念结合起来的任何尝试，尽管已经不断地证明一定要带来灾难，可是，每一个上台执政的政府，无论是自由党的或保守党的都好，都发现它不得不抛弃“使救济条件更差”的原则。

为了制止贫穷救济法及其实施上的这种腐败现象，于是成立了一个1905年到1909年的很大的“贫穷救济法委员会”；它是根据一个确具信心的假定而成立的，这个假定是：除了建议恢复1834年的原则，委员会别无良策。但是，在这里，政治民主主义的无形力量又发生作用了；不只是委员会少数委员的报告，并且该会多数委员的报告（有地方事务部和慈善组织联合会的代表签名）都明文地否认了“使救济条件更差”的原则，并且斥责了劳动救济院的测验办法。但是，两种报告在否认“使救济条件更差”的原则的同时，又加上了一种适当的测验的规定，借以测验失业的人们在能为他们找得工作的时候有无接受雇用的意愿，并且能否这样地工作下去，使他们的继续服务成为必要。这里不是讨论或批评这些建议的地方。这里所要说明的是，公共舆论，通过工党以及同样地通过自由党和保守党表达出来的舆论，干脆地拒绝提供资本主义杠杆不可缺少的支点，即否认接受资本主义的雇佣是带有强迫性质的。所有关于请求救济而根据法律又不能加以拒绝的穷人的登记、测验和必要时的训练等建议，都被否认。贫穷救济委员们要求那些靠救济金过怨天尤人日子的健壮穷人离开劳动救济院，自谋生路；可是结果还是失败；他们在离开之后，并且在赚了一些足够暴饮暴食的钱之后，又以穷人的面貌来到劳动救济院的门前重新进去居住了。纳税人大叫起来了，雇主们大叫起来了，甚至社会主义者（带着广泛的道义上的号召力）也大叫起来了，他们反对支持那些对自己消费品的生产不负责任的人；但是，工人群众知道，资本主义已经使他们的背脊顶到墙壁了，假使这道墙壁被摧毁掉，那么，后面除了无底的深渊之外，再没有什么东西了，所以无法让步。在1905年到1914年中，不经测验的失业的健壮工人的救济机构便大大地增加起来了。在1920年，作为一种制度来说，曾在世界大战时期一度被半国有化工业所代替的资本主义工业（否则战争就不可能进行下去），已经无法维持生产机构继续生产，并且完成了摧毁战时曾拯救英国的半国有化生产形式的工作。结果是，几百万英国工资劳动者的生路，丝毫也不是由于他们自己的过失，就被断绝了。可是，他们并没有饿死；并且他们也没有到劳动救济院里去。在1921年到1923年间，英国政府虽然有减缩政费的各种愿望和公开表示强制削减工资的意图，仍不得不为每个失业工人作救济的措施；这种救济措施是：或者采取过去任何时期都认为是浪费的巨大规模的“厂外救济”办法，或者发放标准实际上高于有些郡里雇主发给农业工人的工资、直接从国库支付的每周救济金。在好几年中，这样分配给合计约两百万户的救济金，每年在1亿英镑左右。这就完全证明了资本主义与民主主义的不相容。在这里，不能不看到，否则就会受到资本主义的饥饿鞭笞的，占全国五分之一的人口得到挽救了。

不可避免的结论是，假使政治的民主主义能够持久下去的话，今后就一定要采取以公众的费用来施行“工作或救济”的政策。并且，我们可以预言，中央或地方政府给予所有自称为失业的人们的工作或救济，将必然地要摆脱惩罚和穷困主义的烙印。就是从1834年到1900年贫穷救济法的专家们所认为办理公共救济的主要方式的穷困测验办法，也被毁弃了。因为资本主义制度未能按照适当的工资给那些人们工作，并不是由于那些人们自己的过失，所以大多数的选民对于阻碍救济那些失业工人的这些办法，都表示强烈的反对。只要这个社会彰明昭著地容忍一群少数人“超然处在不劳动者不得食”这个自然规律和道德规律之上；那就是说，只要准许这一种游惰富人所组成的确实寄生的阶级保留它的“突出的浪费”的习惯，那么，工资劳动者阶级的代表们就有理由（他们的主张并且会在选举柜前获得支持）反对将这种自然规律应用到那些最无辜的不劳动的人们身上去，就是那些由于资本家没有完成所担任的任务而被迫停止工作的人们身上。

或许有人说，并且很能令人信服地说：民主主义可以爱说什么就说什么，可以爱怎样投票就怎样投票，不过，在任何制度之下，如果一个很大部分的人口都能为他们自己和家属的生活获得救济，而不需要一定接受当时当地实际能够获得的工作和工资，那么，这个国家一定要走向破产的路上去；并且，如果反对资本主义制度的一个理由是它使成千成万的人口过着游惰的生活，那么，一种使成百万的人口过着游惰生活的制度，在这方面，便是这种罪恶难以忍受的扩大。这是实在的：并且就是由于这种考虑，才使1834年的贫穷救济法，尽管民众很憎恶它，仍然获得实施；那时的民愤，虽然选举权当初还没有扩大，还可能摧毁这个法律，假使宪章派能够提出当时切实可行的代替办法的话。今天，这种代替的办法已经是大家很熟悉的了，甚至在世界大战充分证明以公共的工业组织和管理来代替资本主义的工业组织和管理的可能性甚至必要性之前，就已经是这样了。就是那些蔑视大战的经验，而认为这种代替只是一种梦想的人，也不能否认人民确实是在梦想着它的这个事实，并且也不会再有拆资本主义的台就是拆人类社会的台这种顾虑。

除此以外，资本家虽把强迫劳动的获得当作生死攸关的事情，但是对于用法律来强制劳动的任何办法，却不得不加以反对。因为他的整个目的是要使他自己、他的家属和后代过着一种文雅的游惰生活，免除他们自己的劳动。当他被引到一个论点，突然被问到是否赞成在法律上强制劳动的时候，他是不能答复“是”的，因为他的工人马上就会来问第二个问题：“你的儿子们是不是和我们的儿子们一样，也要强制劳动呢？”假使用取消供应生活必需品或其他任何方法[1]来使劳动变为强制的，并且这种强制必须对所有游惰的健壮的人们，不分出身或教育的区别，一律适用，那么，这是一着致敌死命的棋子；因为在政治的民主主义之下，在法律面前一律平等，是执行法律的主要条件。

就拿伦敦交通车辆对于警察统治的特别服从，作为说明这一点的例子罢。一个在交通最繁忙的时间站在皮卡得利广场的观察者，看不到任何一个事例，表明着交通警察的权力被人忽视、逃避或者甚至埋怨过。但是，假使对于所有有官衔爵位的人，所有缴附加所得税的人，或者所有有汽车的人，法律给予蔑视交通规则并依照他选择的速度向左或向右驶行的特别权利的话，那么，试想一想，情形将会怎样。至少在20世纪的英国，每个其他的人将会立刻为他自己要求同样的权利；而任何规章将行不通。在1914年到1918年的世界大战期中，最惊人的一件事是，全国接受各种必要的纪律措施，已经接近了普遍化的程度。但是，试想一想，假使这些有产的“绅士们和仕女们”在这种法律上获得了豁免，那么，要在占人口五分之四的工资劳动者身上执行兵役或食物配给的法律，会是多么不可能的事情。

就这样，资本主义便发现它本身处在进退维谷的境地了。民主主义已经夺去它手中的鞭子；使人们为它工作的唯一可用的另一种强制工

[1] 不必提醒读者，在以前经济萧条时期，“惩罚式的贫穷救济法”还在实行；曾经涌现出广大的流浪群众，这些人是以拘禁监牢的惩罚，而不是以取消供应的方法来处置的。“劳动保险法”对失业者的普遍救济和“厂外救济”的从宽执行的显明优良效果之一，是流浪穷人的相当减少；失业的人宁愿放弃失业救济而去做“拦路强盗”的，是很少的。现在还没有像这样普遍认识到，取消这种救济的任何措施，会意味着流浪情况的立刻复发，使处理和惩罚任何因“生活无着”而流浪的人的要求，再度发生。但这又要遇到一种相反的宣传，就是处理和惩罚所有“生活无方”的人的问题，即，没有采取生产商品或服务以供他人消费的公认谋生方法的人的问题。

具，就要加在它自己的身上，从而取消这“食利息者”整个阶级的特权和它的存在的唯一根据，即生活在“不劳动者不得食”这个首要的自然规律和道德规律之上的特权和唯一根据。

从社会方面来说，资本主义唯一的凭借也是相当危险的。当失业者被抛在一边挨饿，或面临着1834年贫穷救济法有意地给予他们的惨痛和侮辱的时候，叛乱的危险一定是这样地明显，以致不得不在商业特别萧条的时候，像美国南北战争所造成的棉花恐慌那样的情况下，以巨额的公众捐款或救济基金来阻止这种危险。过去在商业萧条的时候，这种叛乱的危险并没有阻止停业和大批解雇等措施，因为这些措施都是资本主义商业的主要特点；不过它可以叫雇主们在没有商业上绝对的必要而造成这种紧张局势之前，仔细地加以考虑。今天，由于有了几乎普遍施行的办法，使每个失业工人每周都有一笔收入，所以雇主们能够随其所好，作各种投机性的变动，而不致冒工厂被饥饿的暴徒包围和住宅被他们放火的风险。甚至这种完全被人唾弃的“补贴制度”，即补贴在职工人收入不足部分使其达到足以维持生活水平的制度，也于1922年开始在英国恢复了；它的方式是：或者是每周轮流一星期做工领工资，又一星期休工领失业救济金，或者，在连续受雇的农业工人和苦役女工方面，每周发放贫穷救济金。

现在，这种古老的真理——经常被事实的验证所加强了的——即，只有分配而无等量生产的制度意味着通过消耗而造成的毁灭的道理，还有再一次重复的必要吗？没有工作的纯粹救济的缓慢而不断的扩展，这是一种有害的贫血症；也许可以证明，它是比用流血的革命来摧毁资本和资本家更为致命的病症。这样的情况是不能持久的，即一方面把生产交给了资本主义，另一方面却使工人对于国民收入有坚持他们的要求的政治权力，而资本主义又不能并且也不愿提供这种国民收入。这种情况是，在前面的人喊“开步走”，在后面的人喊“向后转”的形势。

政治的民主主义与地主的贵族政治或商业的专制统治之不能相容，

早已被一个十足的乡绅阿利佛·克伦威尔所预见到了；对他来说，十分重要的一件事是，1894年的自由党政府还由它中间最富有的成员捐出钱来为他建立了一个铜像。我们只需想想1647年在雷定举行的军事会议的生动辩论，就可以看出，克伦威尔和艾黎顿曾花了一天又一天的时间，企图说服他们的军官和士兵，“它是最彻底的和最基本的东西，假使你把它取消了，那么，就没有一个人有任何的土地，任何的货物，（或者）任何的公民利益；它是这样的：那些推选代表以便制定管理这个国家和王国事务的法律的人们，作为一个集体来说，都是了解这个王国的地方利益的人们；就是说，他们也是一切土地的所有人，并且那些在公司里的，都是一切贸易的所有人……假使我们把政治组织的这个基本部分取消，我们将很清楚地要去取消每个人所有的土地和利益，承袭的土地也好，占有的产业也好或任何其他的东西”[1]。当时急进分子的辩护人伦鲍罗上校的主张是没有用处的，他说：“在上帝的法律里，我找不出什么认为一个贵族可以推选20个议员，一个绅士则只能推选2个或者1个议员，而穷人则1个也不能推选的规定。这种东西，我在自然法里找不出，在国际法里也找不出。但是我确实发现了，所有的英国人必须服从英国的法律，并且我确实相信，像每个人所说的，一切法律的基础是在人民之中……所以我确实〔认为〕并且现在仍是认为：每一个在英国出生的人，不能，也不应该，不根据上帝的法律或自然法，剥夺推选那些制定有关他生死存亡的法律的代表的权利。”[2]克伦威尔和艾黎顿一次又一次地申说，假使“一个人同另一个人有同等的推选管理他的人的权利，那么，根据同样的自然法，他对他所看见的任何货物——肉类、饮料、衣服等也有同等的权利，都可以拿来作他维持生活之用……假使主人和仆人都是平等的选民，那么，很明显，那些对王国没有兴趣的人，一

[1] 费思：《克拉克文件：威廉·克拉克文件选集》（The Clark Papers：Selections from the Papers of William Clarke，Edited by C. H. Firth）克姆登学会（Camden Society），1891，第1卷，第302—303页。并见顾池：《十七世纪英国民主思想》（G. P. Gooch：English Democratic Ideas in the Seventeenth Century），第202—226页。

[2] 同上书，第1卷，第304—305页。

定会把推选没有这种兴趣的人这件事情，当作他的兴趣。可能发生这样的事情，大多数的人可以不必造成混乱用法律来毁掉财产；也可以施行一种法律来规定大家对所有的货物和财产具有平等的权利”[1]（着重点是我们加的——作者）。最后伦鲍罗上校以讽刺的口吻反驳说：“先生，我了解了，除了没收一切财产外，是不可能有自由的。假使规章是这样订立的，假使你是这样说的，那末，一定就是这样。”[2]

十九、反对资本主义的经济理由

现在，我们在谈到我们的控诉的最后一点——牟利方式对于国际间和阶级间战争的关系——之前，可以总结一下反对牟利的资本主义继续作为占有和指导生产工具唯一的甚至主要的方法的严格的经济方面的理由。

在这本书开始的三章里，我们叙述了资本家独裁制度对于人民群众产生的不良结果。虽然，由于在追求利润的有力刺激下运用自然科学的结果，商品和服务的总产量，有了巨大的增加，但资本主义却在每个地方为工资劳动者带来了持久的恐慌和经常的穷困，以及普遍的贫苦深渊。并且，新的富有阶级的兴起和成长这件事情本身，虽然没有加剧人民群众的恐慌和穷困，或加大周围的贫苦深渊的范围，可是贫富的对照，却添增了进一步的痛苦，同时暴发户的寄生游惰生活的鼓励，智力的退化和作风的腐化，都变成了社会的罪恶，并在贫民窟的穷人中间孳生了奴颜婢膝的作风、嫉妒的心情以及高尚理想的堕落。除此之外，资本主义固有的个人财富的不平等，正如我们已经看到的，还有它本身

[1] 费思：《克拉克文件：威廉·克拉克文件选集》（The Clark Papers：Selections from the Papers of William Clarke，Edited by C. H. Firth）克姆登学会（Camden Society），1891，第1卷，第302—303页。并见顾池：《十七世纪英国民主思想》（G. P. Gooch：English Democratic Ideas in the Seventeenth Century），第1卷，第307页。

[2] 《克拉克文件》，第1卷，第304—305、315页。

的罪恶。在劳工分工已由原始农家的家庭分工发展到一般工业组织的分工的一切社会里，大多数的工人必然要以全副精力来完成技术操作，即把原料变成产品，或在有组织的服务系统中从事局部的服务工作。因此，他们必须服从少数人的命令，而这些少数的职务是购置原料、销售产品和组织服务事业。这种自然的必要性，就把一种权力放在这些少数人手里去了；而这些少数人，除非像在公务部门一样，有了为公共的利益而建立的控制，就能够变成并且确实变成了一种暴虐的统治者；政治方面最坏的暴君统治跟这种统治比较起来，也显得小巫见大巫。当这种权力被一些不负责任的生产资料私有者或其代理人所掌握时，则有效的自由——“不断发挥主动性的机会”——就会少到这样的程度，以致等于人民群众实际上的屈服。这种服从关系是戴着隶属关系的假面具的，但是在纯粹社会性的发号施令的场合上，指挥者发号施令的自由，并不比他的属员们工作的自由大。资本主义的占有者和指挥者完全不隶属于任何人，他的雇员则是绝望地处于从属地位；就这样，这种必须的和有益的隶属关系，就变成一种作恶的和压迫的服从关系了。资本主义给予资产阶级骑在人民头上的新权力大到怎样的程度，可以从例如断然停闭工厂或矿井，作为用饥饿来迫使全区工人就范的手段这点看出来，或从这个阶级通过它所豢养的全国工业的领导人员的决定，对于成百万同胞终身居住的环境所作的那种不负责任的决定看出来，这就是：对于美丽的乡村的蹂躏，对于溪流和空气的玷污，对于城市中心贫民窟里疾病和夭亡条件的创造——凡此种种，在每个地方都是在私人利润的追求中，由采矿业、冶金业和制造业的资本主义企业所带来的。至于在社会方面所得的结果，也并不比这种结果好一些——甚至还要更坏——原因是，在英国和法国，在美国和澳大利亚，资产阶级早已知道怎样去避开它为工资奴隶所造成的这种恶劣环境，虽然，说句公道话，它并没有完全意识到它所做的是什么一回事。还有一种现象，并没有被一个世纪以前为生产工具所有者的放任的企业作辩护的经济学家们或道学先生们所料到，也许是直到我们这一代的资本家们自己也很少有意识地去探讨，这就是20世纪民主主义所带来的一个典型现象：凡支配权集中在比较少数人手里的私有财产，都能通过它对于报纸的统治，在很大的程度上控制着全体人民的思想环境；并且，通过这个或那个各种各样的方法，甚至用它的力量取消普选的权利，和为私人利益的目的危险地影响着每个工业先进社会的政府行政以及立法措施。

二十、“利润法庭”的荒谬判断

在这一章里，我们提供了关于资本主义本身的某些发展情况，而这种情况，在我们看来，好像从开端的时候起，就击溃了支持资本主义独裁制度的经济方面的理由。全世界的经验，无论是在工业先进的国家或是在新近发展资本主义企业的国家的经验，都揭示出牟利的巨大刺激是不择手段的。假使资本家认为致富的捷径是任意地消费这社会里无法补偿的矿产资源，极端浪费地利用它的森林和耗尽它的农田肥力——尽管对于社会的永久经济利益也许是具有毁灭性的——那就没有什么东西可以阻止或者劝阻这种生产工具私有制所孕育的独裁制度这样地使用。在“利润的法庭”里（就是查理·布思很满意地认为一切资本主义企业必然要受到它的考验的），仅为一代人的利益而广泛地剥光全世界的森林；浪费它可能获得的煤、石油和煤气资源，耗尽它的处女土壤，以致，正如我们现在所看见的，美国和英国已经同野蛮的地区一样，成了不为将来打算的国家；这一切都被认为是“好的生意经”，并且被赞扬着，甚至从一个保险统计专家的观点来看，也是这样。在同样的情形之下，狡猾地降低商品质量，只要还能够诱骗消费者照旧购买的话，则比起供应较好质量的物品，也许（并且往往证明，也确是如此）可以产生较高的利润率，而且在他们整个连续的营业时期中，也往往产生个别牟利者较大的总收入。甚至资本主义企业最乐观的拥护者，也不能证明“利润法庭”的判断是与商品的任何鉴定人的判断——

即关于质料好坏、美观、适用性、耐久性以及从整个方面来看对于购买者是否便宜等的判断——完全吻合的。但是，更加严重的是另一种发现，而这种发现又是整个一代的经济学者们和道学先生们可惊地熟视无睹的，这就是，当资本主义把它的企业带到“利润法庭”请求裁判时，那个法庭居然可以对牟利企业完全脱离了公共服务这个证据不加注意。在刑法所规定的广大范围内，所有的营业都是同样合法的，所有能销售的商品和服务都是同样许可的。毁掉商品——无论是鱼或是丰收的棉花——以便保持价格的这种办法，与掺劣或冒假借以降低价格的办法，同样地是“生产”的企业。私运鸦片到中国或私运威士忌酒到美国，和在一个外国工厂里制造古柯碱或在另一个国家里开设赌场——两者在资本家所居住的那个国家里都是犯刑事罪的——都和种麦一样地是正当的财源。正如我们所看到的，整个的工业组织，可以被一种事实弄得畸形化；这种事实是，更大的利润可以从金融的运用甚至商品的销售得来，而不是它的生产得来；这种牟利的方法已经运用到这样的地步，以致造成了一种完全不相称的、专作商品交易的中间人的社会机构，使生产者和分配者双方都缴纳不必要的和过量的贡赋。在“利润的法庭”里，不触犯刑章而确能获得的任何利润，就被认为是决定性的证明，说明它有社会服务的同等价值。

二十一、放任主义的基本错误

“利润的法庭”为什么在所有这些事例里，作出全世界现在认为错误的判断呢？这就是因为，使资本主义依赖 19 世纪道德感的基本假定，现在看来已经是没有根据了。全世界的人再也不会相信：假使每一个人，资本家也好，工资劳动者也好，毫无例外地、严格地追求他自己的金钱利益——并且甚至以学问和智慧来追求它——这就必然地符合着整个社会最大的总的金钱利益。我们现在知道，个人的利益和集体的利益往往是冲突的，甚至在金钱利益的范围内也是这样：个人可能用不事服务的各种操纵方法来获取利润；整个阶级可能要单靠贡赋生存，无论这种贡赋是商业独占的果实，或是比较好听的租金、特许费和股息；最后，正如我们已经看到的，整整一个世代的人，可能在资本主义伦理观念的赞同下，为了它自己的利益而浪费所有后代人的实际物资。亚当·斯密所梦想的、一直引导着资本家的独裁（甚至连资本家自己也没有觉察到），使其增进社会经济福利的“无形的手”，是不存在的。

我们要避免言过其实的任何表现。虽然，正如我们已经看到的，利润的存在，不是作了社会服务的证明，可是，说明在什么限度之内，“利润法庭”的判断，可能为商业企业提供一种测验，这是有启发意义的。例如，在一个牟利者与另一个牟利者之间，这个法庭的判断可能有些正确性。它可能在人的劳动上及领导的能力上，和在从商业的最大利润着眼的材料买卖上，测验出相对的效率来。但是，它没有，并且从它的本质来说也不能，在敌对的企业之间，断定某一个是为了利润的目的，而另一个是为了其他的目的。

二十二、成本的比较

在那种法庭里，利润以百万英镑计的专卖药品的制造商与毫无利润的公立医院，是不能比较的。在抱着不同目的的企业之间，它永远不能作为一个有效率的法院。要达到这种目标，需要的不是对利润的一种灵巧的而又公正的估计——在这样的估计里，一方（比方说一个私营的电灯公司）的目的是尽量将它扩大，另一方（比方说一个市营电力公司）的目的是尽量把它缩小，否则就会以渎职定罪——而是那种客观的衡量和公开的事实，即科学的方法。在这里，我们看到，资本主义进一步的发展所导向的一种分离，即：不只是体力劳动者，而且脑力劳动者的广大群众，包括工业先进社会里兴起的具有独立性的专家，从物理学家和工程师、化学家和生物学家到分析的人员和测量人员、会计人员和稽核人员的各个整个阶级，都与生产工具的所有权分离，这种分离正在创立着可供选择的一种“上诉法庭”。在世界大战的期间，成本会计专家决定了不是哪种方法可以获得最大的利润，而是哪种方法可以用最低的成本生产货品。并且在这里，我们看到以比较成本和比较生产的测验方法来代替比较牟利的测验方法是怎样地使我们在工业的知识上和工业的组织上向前跨进了一大步。这就使我们了解到，为什么在今日的英国，特地把促进科学这个任务列入党的政纲的，不是拥护资本主义的自由党或保守党，而是抱着社会主义目标的工党。

二十三、权力的问题

因为如果没有把科学的方法应用到社会组织方面，则民主政治的一个决定性问题，权力的问题——我们怎样才能避免一个人的意志专横地施加在别人头上的这个问题——就不能得到解决。对于工资劳动者来说，到现在为止，社会组织方面的重要问题好像一直是：谁应当发号施令和谁应当服从这种号令——工业的管理，究竟是应当从上而下，还是从下而上。经验证明，这两种行使权力的方式都有它们的特殊缺点。在社会主义化不断增强的年代里，这种争论大体上来说是毫无意义的。现在看起来好像是很奇怪的，但我们仍敢说一句预言，从个人权力的立场来说，行政命令权如何准确地分配的问题，将来是不会像现在那样重要的。今天，在工业方面也好，在政府行政方面也好，衡量和公开事实两种方法的结合，无形之中已经在削弱个人的独裁。我们认为，有意地加强这种**公开知识的探照灯**，是民主政治成功的基石。最后的决定权仍是必要的，不只是在紧急时期有它的必要，并且在政策方面也需要它；因此，根据问题的性质，把作决定的重大责任托付给适当的人选，是一件极关重要的事情。怎样才能把整整一个世纪以来侵占到资本主义领地的那些民主制度，无论是中央政府的或是地方政府的、消费合作社的或职业组织的制度，为着这个目的，进一步发展和配合起来，以便运用工业中最终的权力，我们在另一本书里已经作了叙述[1]。这里所要指出的是，由于科学的发展，在政府部门和资本主义工业里一度认为是不可少的旧的独裁统治，有很大的一部分就效率方面来说现在已经是不必要的了，并且将随着民主主义之日益认真地被人们接受而逐渐淘汰。

使工业车轮不断运行的一连串决定或命令，将不再是执行一个人加在其他人们行动上的专断意志。独立的专业人员，无论是成本稽核员或效率工程师，医务人员或教育顾问，将根据他的知识提出报告；但是他不发出任何的命令，也不行使任何的权力。他的报告做完后，他的职务就尽到了。在发现和衡量的过程中，和在不顾行政当局的自尊自大及任何等级的雇员的反抗本能的威胁下大无畏地据实提供报告当中，他将无限制地表现他的人格和行使他的自由。那些“当权”的人们，无论是董事、经理或工头，工会行政人员或厂店领导人员，将根据这些专门的报告发出指示。他们将在公布的知识的探照灯下，行使他们的权力；这种探照灯将鼓励他们——假使不是强迫他们的话——感觉到他们的责任不只是局部的责任，而且是对于整个社会的责任。除了对于紧急的事件之外，所有有关各级和各部门彼此间的协商范围，将稳步地加以扩大，许多判断和决定，将大部分以共同同意的形式从那里涌现出来。这种共同的同意，是根据正确核实的和有权威的报告所报道的，并且是由有关公共舆论静悄悄的解释所阐明的事实的力量而获得的。在任何真正的民主政治里，作最后决定的是公共舆论；公共舆论培养得越有效，科学的发现越受到重视，则任何行政所获得的成功就越大。

[1] 维伯夫妇：《大不列颠社会主义共和国宪章》（S. and B. Webb：*A Constitution for the Socialist Common wealth of Great Britain*）1920。

我们可以预见到，数以千计互相竞争的工业企业对其经营方面的严格保密，和目前标志着邮政局和国营造船厂的那种官僚主义的守秘密作风，将由每个国营工业和服务事业的一种新作风所代替；这种新作风，将不再关心扩大某些特定的资本家集团的私人利益，或者增加国库的纯收入，而只是在一系列的探照灯光芒照耀之下——这些探照灯的光芒，从各种不同角度集中在同一个问题上，就是，怎样为整个社会获取对于所作的努力和牺牲来说最大可能的效率——致力于增加为公众服务的效率。引一句我们在《大不列颠社会主义共和国宪章》一书里的结束语来说："我们所想见的，是组织这样不同作用和具有这样重大差别的一个社会，以致不仅是由于个人自由感而使它生气勃勃，并且依靠试验、观察和证明的新鲜空气经常使它焕然一新。我们要去掉现在毒害我们的制度的私人利益的'闷热'，并且欢迎一个'有衡量的和事实公开的'统治的来临。"[1]

[1] 维伯夫妇：《大不列颠社会主义共和国宪章》，第 355—356 页。

第六章

资本主义制度是战争的一个原因

在上面关于资本主义企业现在日益发展的可怕的肿疡和不知不觉之间加剧的病症的分析中——这些肿疡和病症使我们得出一种推论，认为牟利的资本主义，虽然有过初期的一切优点，可是现在总结起来，已经对社会不能有所裨益——我们在这里仅仅讲到它对于物质财富总生产的影响。对于资本主义的工业组织以及它所依赖的牟利动机，还有一个甚至更严重的控诉值得加以考虑，这就是：这个制度，在现今的时代，已经日益加剧地变成了国际间灾难性战争的原因。的确，假使我们把我们的观察范围限制在只是那些最先进的工业社会里，那么，可以不算过分地说，在过去的半个世纪里，资本主义企业家敌对集团间追求金钱利润的斗争，可以认为是近来国际纠纷中（特别是包括 1914 年到 1918 年达到高峰的灾难）最有力的原因，虽然通常只是一种基本的和部分地隐蔽的原因。这些国与国的战争和——正如我们将要叙述的——明显地由资本主义刺激起来的同样有害的阶级与阶级的斗争之所以成为引起最大恐怖的事情的是：假使不立即把这种牟利的斗争为着公共的利益而控制起来，并且本着牟利以外的其他动机，逐渐地以一些较好的工业组织来代替牟利的资本主义组织，则文明本身是否注定要被资本主义的统治所毁灭，实在未可预料。

一、国际间的战争

首先让我们来研究一下高度发展的帝国主义制度，及其日益扩大的贸易业与金融业和生产集中在控制巨大产量的少数独占集团手里的现象，和各大国间以掠夺为目的的帝国主义在过去几十年的成长，帝国主义的这种成长最后掀起了1914年到1918年的世界大战。

英国的制造商和销售商，只要还保持着对世界各地原料和市场的“天然独占权”，他们对于英帝国的成长是漠不关心的，并且甚至认为英国人民的殖民地区几乎等于徒耗英国纳税人金钱的无用赘物。可是，到了他们自己内部的竞争日益加剧的时候，和到了美国的及德意志帝国的制造商和销售商——正在“旭日东升”的日本姑且不提——侵入世界市场的时候，英国的牟利者的政治信仰和经济信条就有了逐渐的改变，以便适应新的情况。为了保证作为这些世界性托拉斯和联合组合的特征的大量产品的有利销售，他们不只是需要控制原料的供应来源，并且还需要在国外市场上的支配地位，使他们不致受到敌意的保护关税政策的约束，同时能够以自己的保护关税来阻止在别的国家里不属于自己联合组织之内的生产者可能的竞争。因此，19世纪后期的英国资本家，便由深信不疑的自由贸易主义者、“小英格兰人”〔指反对对外扩张的人——译者注〕和反军国主义者，一变而日益不信任他们旧有的信条，并且对于保护关税及用强大的海军和费用浩大的远征军向世界各个角落里推广“英国统治下的和平”这些政策，越来越同情。当英国棉织品掌握国内外市场的时期，19世纪中叶的棉织品制造商约翰·布莱蒂，是一个拥护世界和平主义的主角。他是在激进派领导方面的伟大继承人，约瑟夫·张伯伦刚在联合王国获得了螺丝钉制造的实际独占权之后，也在这个世纪的末期确信一种说法，认为“这个帝国……就是商业……它是商业所创造的，是建立在商业上面的，并且，没有商业，就一天也不能够存在……由于这些理由和其他的理由，我永远不愿意失掉我们现在对于我们的伟大的印度属国的掌握——这是我们现在和将来的一切买主当中最大的和最有价值的主顾。基于同样的理由，我同意继续占领埃及；并且根据同样的理由，我曾敦促过现在的政府和前几届政府，必须利用每个正当的机会，在现在正在进行文明的和商业的开发的非洲大陆，扩张我们的势力和控制；最后，还是根据同样的理由，我坚持我们的海军应当加强，直到它的优越地位达到这样地稳固，使我们在所掌握的或以后能够掌握的任何属地，都不致被动摇……假使这些'小英格兰人'的主张获得了胜利，"他以藐视的口气补充说，"他们将不只放弃那扩张帝国的和为我们获取新市场的正当机会，并且我还要怀疑他们是否甚至肯作必需的努力来保存我们祖先传给我们的伟大遗产。"[1]

英国重要政治家们的有力的但是肤浅的帝国主义思想，被一位主要的英国总督的更文雅的和更尖锐的言辞所加强了。"你没有力量，就不能获得繁荣，"米尔内勋爵于1906年在曼彻斯特保守党俱乐部所作的演说中提到，"在所有的民族中，你们是最依靠遍及全世界的企业和商业，而不是单靠这几个岛上的出产，来维持你们的生活的。这个国家一定要保持一个大国的地位，否则就要变成一个贫穷的国家；至于那些正在追求社会改良的人们，这种追求是最正确的，但是由于他们对国家的力量易于疏忽，所以他们的房屋是建筑在沙土上的。'这些你们应当做的，那些你们也不应当不做'。但是，伟大是相对的。自然的条件限制着英伦三岛在现代世界许多庞大帝国之间单独保持它曾在许多较小国家的时代所拥有的同样重要地位——即在俄国和美国成长以前，在统一的德意志因陆海军力量发展的直接结果在繁荣和商业方面跨了那些大步以前的地位。"[2]（着重点是我加的——作者）

[1] 约瑟夫·张伯伦：《外交和殖民地问题演讲集》（Joseph Chamberlain：Foreign and Colonial Speeches），1897，第101—102，131—133页。

[2] 米尔内勋爵：《民族与帝国：谈话与讲演集》（Lord Milner：*The Nation and the Empire*：Being a Collection of Speeches and Addresses），1913，第140页。

二、金融家的足迹

跟在大不列颠制造商和销售商后面的是金融家。当资本积累到很大数目的时候，当国内的利息率开始降低的时候，他们就发现了许多未开化的民族和一些具有古老的与和平的文明，而这种文明又不允许它们有自卫能力的民族；剥削这些民族比剥削他们自己的同胞要容易得多。“最大的危险，”柯罗麦勋爵告诉我们说，“也许是在一个东方的统治者第一次接触到欧洲信贷制度时所做的。这个统治者发现到他好像能够极容易地获得巨额的金钱。他的个人愿望能够如此容易地得到满足。他被那些欧洲冒险家从来没有疏忽过的、在极诱惑的情形下献给他的、开发该国的巧妙但又荒谬的计划所炫昏了。他太缺乏远见，以致不能认识到他为自己造成的未来困难的本质。不顾利害地使用的信贷所贡献给他的利益，引起了他独得全部利益的野心；这种诱惑太强了，使他不能抵抗。于是他就跳进了展开在面前的深渊，损害了他的国家，使得不只是他的同时代人，并且未来的后代，都遭受痛苦”[1]。因此，资本的输出，对于牟利的资本家来说，比利用它来在国内发展工业设备，或者建设迫切需要的公共服务事业，具有甚至还要更大的吸引力。假使商业是跟着国旗走的，那么，国旗也同样地跟着贷出资金的人走，以便保护他，使他不致令那些放款给他的人失望和发怒。再者，常常也有其他资本主义强国的商人们和金融家们同样地希望剥削未开化的人。“在与这些在金钱方面还没有走入正轨的人民做生意的当中，普遍是有很可观的利润的，”一位美国批评家在“商业企业的理论”这本书里解释说，“特别是在这种生意有了充分武力作后盾的时候。但是，同样普

[1] 柯罗麦伯爵：《近代埃及》（Modern Egypt，by the Earl of Cromer），第 1 卷，1908，第 58—59 页。

遍的是，这些人民不愿意与文明人类发生永久性的贸易关系。所以，为了贸易和文化的关系，必须将一些文明人的行为规则强加在这些人民的头上，借使贸易容易做并且能够做得赚钱。为了这个目的，军备是少不了的。”[1]“但是，在与新的同行们作商业上额外报酬的分配中，任何商业团体都有被外来的文明势力所欺骗的危险。在这种彼此都想尽可能占到别人一点便宜的争执中；除了武力以外，没有可以求助的东西。因此，一种备战的阵容就不得不摆出来；而军备和武装示威的行动，就在有关世界市场的贸易方面，成为普通的商业工具的一部分了。”[2]“商业的状态，”一位主要的德国工业家告诉我们说，“在某种意义上来说始终是战争的状态——一种和平的战争状态，假使可以用这个名词的话；只要和平能够持久下去。它可以为和平的目的服务，但是，无论有没有战争存在，它一直是抱着备战的目标的。”[3]

三、帝国资本主义的无耻

就这样，我们看到所有资本主义国家的军火制造商，经常利用他们

[1] 费布伦：《商业企业的理论》，1904。资本主义对于帝国主义政策的影响的一个最惊人的例子，是强迫贩运鸦片到中国去这个故事。关于1839年到1842年的“鸦片战争”，亚诺尔德博士写信给一位朋友说，“普通的侵略战争的罪恶，在我看来，比起为支持走私，特别是支持一种败坏道德的毒品的走私而进行的战争的罪恶，要少得很多，并且这种毒品是中国政府所禁止的，但我们为了牟利起见用武力来强迫输入”。中国政府的政策，曾在1847年清朝皇帝的一道上谕里有了阐明。他说：“我不能”“禁止这种供吸食的毒品的输入；贪污钻营的人们，为了赚钱和荒淫，使我不能实现我的愿望；但任何诱力，决不能使我从人民的恶习和苦痛中征取税收”（《议会报告》，1847，第297页）。〔这道谕旨，在《清实录》、《东华录》、《东华续录》和《夷务始末》等文献里都查不出。是否传译失真，或者竟出自捏造，抑或上列文献未予载录，无从断定。这里是照原书所引英译原文译成中文的。——译者注〕但热心于中国贸易的资本主义商人、轮船老板和银行家获得了胜利，于是“在英国当作毒品出卖的药物，特别为满足中国人的嗜好制备起来，以每小时贩运一吨的数量运入他们的国家，每天贩运12小时，继续到差不多60年之久；同时，还有一种罪上加罪的事实是，从中获取直接收入的那个大属国，却一致地强调地谴责这种对它有利的特殊罪恶行为”（罗恩屈利：《帝国药物的贸易》，〔Joshua Rowntree：*The Imperial Drug Trade*〕1905，第268页）。1911年的中国革命才最后结束了这种办法，英国和印度政府都同意停止输出鸦片。不幸得很，后来中国沦于无政府状态的时候，资本家们就再度开始这种有利可图的贸易。

[2] 费布伦：《商业企业的理论》，1904，第295—296页。

[3] 铁环：《德国工业品出口的将来》（Iron Circle：*The Future of German Industrial Exports*），第46—47页。

所津贴的报纸，在资本主义牟利者和平侵略的后面，紧紧地施加压力。不过，杀人武器的制造商和销售商倒有一个新的特征。在他们的词汇里，是没有人道主义这个时髦字眼的；他们甚至连爱国主义的外衣也不披上。军舰和鱼雷、步枪和平射炮、榴霰弹和高级炸药的制造商，对于他们买主的性质和国籍，是完全不关心的。同一的联合公司，可以在不同的国家里设立工厂，并且敌对国家的工业巨头也可以吸收到它的董事会里。他们一视同仁地和本国的政府、同盟国的政府或未来的敌人"做生意"。最合他们的口味的不是一个"国际联盟"，甚至也不是一种"均势"，而是一种动荡的局面，在这一个国家或那一个国家制造着紧张的局势，致使全世界的军备开支达到最高峰。但谁能责备他们呢？亚当·斯密不是教导过我们吗，他说："当每一个人自由和安全地发奋努力的时候，他改善自己情况的自然努力是如此强有力的一个原则，以致能够单独地和不需帮助地……把社会导入富足和繁荣的境地。"亚当·斯密所没有预见到的是，这同一的"为我"原则，一经中立市场的国际争夺反常地加以扩大和歪曲之后，便会同样有力地把社会拖进最具有毁灭性的战争中，并且，同样地，正如我们现在可以补充说的，拖进所有战后解决国际问题的办法中最具有灾难性的办法里面去，正是由于这一点，凡尔赛条约的制定，才根据商业资本主义的一个基本原则："利润属于战胜者"。

四、战争是怎样发生的

这中间的是非问题是，为保护牟利企业而驻在世界各地的庞大警备武力，影响所及，不可能单限于对半开化的债务人的恫吓、强制商务契约的执行和工厂保护及商业警备。假使所谓"和平方式的侵入"的结果是，一艘外国军舰之进入另一个国家的海港的话，那么，就必须建筑一座炮台以便能够击沉那艘军舰；否则这艘军舰可能不只是作为通商的工具，并且会作为统治野心及征服的工具。这样一座炮台又会引起另外一艘更具有威力的军舰的制造；而这另一艘军舰又会引起具有更长射程的大炮的炮台的修建。同样的紧张局势也会由一队远征军而引起。它的目标也许是为了在一个商业不大发达的国家执行某种外债利息的收取任务，或者是为了打通某一沙漠地带的交通路线或其他的任务。可是不可避免的结果是，出现了另一个远征军，借以监视第一个远征军，使其不致越轨，例如，当凯奇涅在获得了对埃及的借款的利息并"粉碎了马迪"[1]之后，他就发现到他自己突然间受到了马香少校所率领的法国远征军的监视；立刻产生的结果是，英法关系危险地紧张起来了，并且法国由于当时吃了眼前亏，很显明地就将它在非洲的军力加强起来了。

假使资本主义能够控制住它无可避免地造成的外交和军事局势，那么，柯布登关于在对外贸易的基础上建立起普遍和平的梦想，或许不是完全无稽的。可是，在民族的热情、国际间的嫉妒和恐怖以及使用国家武装力量作为商业的警察这种企图所引起的好战精神面前，资本主义是无能为力的。它甚至不能够自始至终地和平地进行这些企图：一种有效的完整的警察的建立，实际上就意味着征服和并吞，而这又意味着战争。这种战争，虽然在当时为某些贸易带来了巨大的利润，可是对于资本本身却带来了惊人的毁灭，并且使整个对外的贸易以及蒙受影响的大部分国内贸易所赖以支持的金融机构失去调节。因此，1914 年到 1918 年的世界大战，虽然是资本主义追求辽远市场的一个不可避免的偶然事件，可是资本家们，在生死攸关的时刻到来的时候，便和出自良心而反对战争的人们一样诚恳地从战争里倒退下来，并且又被完全非商业性质的、爱国的幻想和热情驱使进去；他们知道资金的毁灭、商业的脱节、劳动力由生产方面大规模地转移到杀戮和破坏的方面，都会把他们安置得很好的计划一齐推翻。就这样，就是伦敦市场发动了战争而同时又说伦敦市场反对战争，都是同样具有真实性的。总结一句话，在

[1] 回教救世主的称号，特别指在埃及苏丹设立的一个独立政府的回教首领。

外交和战争方面，牟利的霸权对于做坏事是全能的，而对做好事则无能为力。它能够束缚人，但它不能阻止利剑出鞘。

五、英国的一份

我们现在可以总结一下资本主义独裁，同几个未曾间断的战争之间的关系，这种战争自 1851 年伦敦博览会开始的世界和平到 1914 年至 1918 年的惊人浩劫期间几乎一直没有间断过。正是英国的资本家，抱着被初期政治经济学家所加强了的信仰，第一个使金钱利益的追求成为——我们可以公正地说——一种民族的宗教。正是英国的政论家，为大制造商通过初期的工厂制度扼杀本民族幼童和残害本民族青年的行为，找出了一种理论上的根据。正是英国国教的一个牧师多马士·罗伯特·马尔萨斯，宣称：由对外贸易的盛衰带来的失业及剥夺工资所造成的死亡，不仅是使人口与生活资料相适应的一种“自然规律”，而且是“上帝的法律”。实际上，正是英国的商业主义在人类的道德心为德国的世界强国理论做好了准备。俾斯麦和特赖希克是李嘉图和纳沙·西尼尔的精神上的继承者。在 19 世纪的末期，我们看到，由于有意将一国的外交政策转变来为资本主义企业家的利润服务的结果，已使这种追求利润的理论扩展到治国的方略上去了；必须注意，这种利润不是从国际间生产上和交易上的一种共同进步得来的，而特别地是从其他国家商人的金钱亏损中得来的[1]。这种个别资本家的动机与国家的动机

[1] 一位有资格的法国权威曾确定地把“帝国主义”的急剧扩张归根于欧洲工业主义的“巨大发展”。他说：“蒸汽在工业上的应用，把一种无比的力量放在资本家的手中了；这种力量大大地增加了他的权力，但同时，由于各个国家看到它们的生产力和它们的财富增加了，它们发现到它们的需要也增加了，以致变成昂然自大，它们立即觉悟到它们过去安居于其中的疆界太狭小了；于是它们就为它们的工业，要求无限多的原料和无限大的市场。因此，原料的获得和市场的夺取，便成为各国各个政府生命攸关的事情。经济的竞争代替了单纯的政治斗争的地位；并且在争夺殖民地的野心后面，一直埋藏着为生存而斗争的迫切需要。一天又一天地变得很明显，任何国家的实力，要完全照它的金融的、工业的和商业的资源来衡量。商人变成了统治全世界的帝王。在古代，基(转下页)

打成一片的现象，曾在1871年以后德意志帝国施行的政策中公开地宣布。“一个大国不同于一个小国的主要而又正当的根据，”俾斯麦宣称，“是它的政治的唯我主义，而不是它的理想；为与它的利益无关的任何事件而战争，是一个大国所不值得去做的”[1]。道德学家也许可以怀疑，德国的生存竞争的说法，比起它的英国先驱者的说法，虽然更富有戏剧化的危险性，可是在卑鄙的程度上，是否还要少一点。我们想，“我的国家，对也好，不对也好”，比起“我自己的金钱利益，对也好，不对也好”，在指导情感、思想和行动上，是比较响亮些。那些喜欢对这种比拟提出辩论的人们，也许可以从狗和猫的心理的比较找出理由来支持这种看法。新的心理学专家告诉我们，狗是从一种习惯于成群猎取猎物的动物传下来的后代，并且具有一种高度发展的合群本能；猫则是和单为自己而猎取猎物的老虎有姻缘关系的，因此，它没有像狗在作为主人的伴侣时所习于表现的那种忘我的服务精神。亚当·斯密的追随者像虎和猫一样，没有给服务精神和自我牺牲的精神留下一点余地，他们只考虑到个人的金钱利益，或者至多个人的和他的家庭的金钱利益。德国民族热情的爱国主义，不管是怎样被歪曲为对祖国的

(接上页)督教国家是以救世的征服者的伪装，出现在野蛮民族面前的，它们穿着盔甲，一手拿着利剑，另一手拿着圣经，昂然前进。在今天，文明的开路先锋是商人。他向前挺进。他走在传教士和军队的前面。我们这个功利主义的时代，只在它的商人的数量上、勇气上和财富上找得光荣。神权论的最骄傲的使徒——德意志威廉第二皇帝，在一次难忘的时际，曾毫不畏缩地作出下列的发言；这种发言，就是他所乐于回忆的‘难忘的祖先’也不得不感到特别的奇怪。‘让我的在那边的所有的商人们了解’，他说，‘德国的米迦勒已经把他的带有德国之鹰的国徽的盾牌，巩固地安置在那个土地上了，借以保护他们的安全。’所有这些领土的争夺，所有这些外交的争执，归根到底，只是敌对的商人们勾心斗角的斗争。几年前几乎把南非的火焰燃烧起来的，是一个贸易公司，政府特许的南非公司。最近，散布英法分歧的种子的，又是一个贸易公司，奈格尔公司。他们说，掀起古巴战争的，也是一个贸易的联合组织。最后，在著者执笔的时候，一小撮顽强战士与英帝国整个武装力量正在进行搏斗的最不正义的战争，是由于——假使伦敦的法利赛人〔即伪君子——译者注〕准许我们这样说的话——一批金融家和商人们的无餍之求所造成的。塞西尔·罗德斯曾以讥诮的口吻坦白地承认过这一点。‘这个战争’，他说，‘是一个正义的战争，因为它的目的是保护英国的国旗，而英国的国旗又代表着今天世界上最伟大的商业原动力’。随便在什么地方，商人都走在前面；政府是他的忠实仆人；而士兵则为了填满他的钱柜而去送死。”达赛：《非洲的征服》(Jean Darcy：*La Conquête de l' Afrique*)，1900，第3—5页。

[1] 罗伯逊：《俾斯麦》(C. Grant Robertson：*Bismarck*)，1918，第66页。俾斯麦可能是19世纪公言唯我主义是国家政策指导原则的第一个政治家。

一种狗一样的虔敬，无论如何，还具有为他所隶属的社会的权力和财富作个人志愿的自我牺牲的品质。但是，英国和德国这种在道德上的区别，还不能描写出全部的面貌。德国人民之感觉到他们的侵略政策里面体现着公道和国家的利己主义，是有某些理由的。当德国制造商、贸易商和金融家来到世界市场的时候，他们发现了，或者以为他们发现了，世界贸易的至少四分之一是跟着英帝国的旗帜走的[1]，同时美国和帝俄又霸住了剩下的土地和人口的一半以上。那么，深信着约瑟夫·张伯伦和米尔内所说的：同未开发国家所进行的有利润的商业，要依靠着本国的威望、“势力范围”和财政保护措施这种说法的德国政府和德国人民，会感觉到他们已被围住了，并且已被剥夺了他们从剥削其他民族的劳力和资源中所应该获得的一份利润，又有什么稀奇呢？于是，德国的宫廷、参谋本部、公务人员、大部分的大学教授和重要的工业巨头及金融巨头，都被一个愿望所左右，这个愿望就是：牺牲其他国家的出口贸易来扩大德国的出口贸易。假使和平的手段不能迅速地和完全地奏效，为什么不应当求助于普鲁士军事组织天才所建立的武力呢？英国不是一次又一次派遣它的海军来完成环绕地球的英帝国吗？我们认为，就是在这种方式之下，崇拜个人牟利才不可避免地导致了世界大战。

六、阶级斗争

资本主义是造成国际战争的根本原因这一控诉，虽属十分重要，但

[1] 在其他国家里，这种反抗英帝国的情绪的普遍性，已在世界大战前二年由一个主要的英国的帝国主义者所承认，他曾在1920年到1923年的联合内阁和统一派内阁连续担任过阁员。“同时，在欧洲发生了一个巨大的变化。到了1870年，德意志和意大利国内统一的长期斗争，获得了成功，并且欧洲内部的平衡，已经建立起来，而且到现在已有一代的历史了。接着，就是欧洲工业的大发展，以及随之而来的扩张领土和扩充海军的愿望。可是，在扩张领土或建立殖民帝国的努力中，每一个强国都发现到，它面对着英国政府，而这个英国政府，或者是政治上的实际占有者，或者是嫉妒地看守着它遍布世界的商业既得权利，并且尖锐地警觉到那采取保护关税政策的竞争敌人关闭每个市场的措施所意味着的威胁。”（亚麦锐：《联合和力量》〔L. A. Amery M. P. Union and Strength〕）1918，第91页。

却另外还有一项控诉值得提出。国与国之间的战争，即使是像1914年到1918年的这样大的规模，还不过是一个插曲。更经常和更普遍的，因此对于社会的影响也许还要更大的是阶级斗争。这种斗争是资本主义工业组织，连同牟利的动机，在每个工业先进的国家里所逐渐造成的。我们现在看到，1834年欧文派的工联主义，1837年到1848年的宪章运动，1848年的巴黎和里昂、德勒斯登和维也纳的工人起义，1871年在战败的法国发生的巴黎公社的猛烈爆发，以及中途失败的1905年俄国革命；这些都是体力劳动者革命运动的先锋。这种运动现在已经发展到每一个国家，并且，在先进工业主义的国家里，差不多包括了整个的工资劳动者阶级。因为，由于资本主义制度在各国已经占据着统治地位，一代又一代的工资劳动者都烙上了永久穷困的厄运的深刻印记，只是在他们作为一个阶级而注定遭受到的失业所造成的循环困苦的程度上有所不同而已。他们对于穷困所带来的个人自由的被剥夺，必然地认识得比社会里任何其他部分的人所认识到的，还要更加尖锐。在和那些由于新财富的产生而获得优厚利润，因此增加了几乎无限制的自由的人们比较起来，这种剥夺使他们更加恼怒。遭受到资本主义不断增加的工业灾害和工业疾病的人们，是体力劳动者和他们的孩子们。遭受到在英国维多利亚初期矿井和工厂无限制地追求利润及乡村不正常地城市化的恶果，即物质的和精神的堕落、疾病、未老先衰的痛苦的，是体力劳动者的阶级。在美国和英国，作为现代机器工业特征的长期的周期性的失业，从一个开明的资本家看来，好像是“心脏的有秩序的跳动，借使血液流通的日常现象——每一次跳动循环一周”[1]；这种情

[1] 一个职业偏见的奇特例子是，像已故的查理·布思这样一个开明的和有公益心的人，居然可以有意地把失业对于人民生活和劳动方面循环的和长期连续的恶劣影响，作出下列的结论：

“从近处来看，这些经济衰退的循环是有其显明危害的、甚至残酷的一面的；可是，从较远的观点来看，‘除了属于悲伤的范围以外’，它们好像是不这样恶性的。也许可以用一点想象的努力，把它们当作是心脏的有秩序的跳动借使血液流通的日常现象——每一次跳动循环一周。即使在我们人类经验所能掌握的生活范围内，究竟这种变化是否造成痛苦，还要靠着经济生活所依据的时间的久暂来决定。那些活一天算一天，活(转下页)

形，对于成功的脑力劳动的企业家，也许更能发挥努力和创造力，可是对几百万的体力劳动者来说，它们只是意味着在吃不饱的状态下，过着被迫的游闲生活，并且即使有得吃的话，这种食物也是由斲神丧志的施舍方法得来的。直到19世纪的后期，大部分的体力劳动者，才学到组织工业革命和政治革命来反抗他们的领袖曾从不间断地提出抗议的那种管理工业制度。到了20世纪的时候，阶级斗争的情绪——在每个地方这“两国”之间利益方面一种不能妥协的分裂——就在所有资本主义已占统治地位的国家中在工资劳动者的几乎每一部分中迅速传播开来了。

我们还要注意，这种工资劳动者反抗资本家的永久的斗争，在纯粹破坏的能力上和在改组社会能力的缺乏上，还要看各个国家内资本主义独裁曾否被民主政治所削弱而有所不同。在残暴的和腐败的专制统治下的帝俄，城市工人和乡村农民是完全没有参加政府的权利的，于是，当社会主义运动中的“布尔什维克”或“多数派”的领袖们，一旦因1917年的革命负起政府责任的时候，就被迫放弃所有的民主装饰，而建立了“无产阶级专政”；但在它的下面，像以前一样，无产阶级也是被命令着，并且像在沙皇制度下一样，政府的监狱也是满着，它的步枪也是忙着，虽然它的目的是诚心诚意地为着公共的福利。在秩序很好的和文明高度发展的专制统治下的德国，普遍的选举权和议会制度的幌子曾经缓和了这种专制，于是，迅速兴起的社会党，接受了马克思主义的无产阶级专政的口号，但没有决定它的意义究竟是马克思所认为的那种胜利的革命者严厉施行的一种戒严状态，还是以体力劳动者必然占多数的全民代表的政府。这种辞句的含混，以及对所采取的步骤考虑得不

(接上页)一周算一周，甚至那些活一年算一年的人们，也许会在商业紧缩的时候感到窘迫——其中有些人也一定如此。但是有些被害人，在繁荣的年代，由于能够并且愿意为不可避免地要来的衰退年代做好准备，一点也不会感到窘迫；因此，假使好的和坏的时间来得不太突然或者不太长的话，则社会方面，不只是由于紧张时期品德的提高，并且由于对企业的直接影响，而获得了利益。至于在品德方面的影响，尤其是对于工资劳动者的影响，那就和继续漫长炎夏疲弱状态之后而来的严冬所给人们的影响相似。”（着重点是我加的——作者）（查理·布思：《伦敦人民的生活和劳动》〔Charles Booth：*Life and Labor of the People in London*〕1903，第2辑，《工业》第5卷，第73—74页）。

明确，遂造成了工人队伍里意见的分歧，并且在1918年后的最初几年，削弱了若不是由于这种分歧就会很强大的有组织的工人运动和社会主义运动。在英国、瑞典、丹麦和比利时以及在盎格鲁·撒克逊的澳洲，政治的民主，已经巩固地建立起来了，于是，我们在20世纪的初期，便看到一种确定的工人政党和社会主义政党在议会中出现了；它要求着，并且，在某种微弱的程度上，开始着以社会主义为基础的社会建设，不过作为一种民主的政党，它坦白地把自己的行动限制在政治民主的合乎宪法的方法上面。即使是在这些国家里，许多工人政党和社会主义政党，在它们所遭受到的民主幼稚病方面，还背上了抚育它们成长的环境的烙印。

我们必须郑重地警告我们的资本家和政府，假使他们接受了善良的忠告的话，他们将再不敢说“在我们之后便是洪水”这种神话，或者认为这种怒火已在俄国烧尽，而以为不会再发生任何不愉快的事件，让我们可以鬼混过去。在某些方面，工人阶级比资本家还要商业化得更加深透，因为资本家在足够富足的时候，还会遵守古代希腊的教训，“先富足而后知礼义”。已故的安得烈·卡内基在残酷地剥削了匹兹堡从而发了大财以后，便大规模地实施德行，甚至实施公民的德行。可是，工人阶级是永远不会到达这种转捩点的：他们在所有的时候，都是为收入作拼命的挣扎，不可能实施卡内基式的德行，或者获得这种德行所带来的道德上的快感。就这样，资本家在利润率上而不是在社会服务上念念不忘的想念，反映到工人身上的，只是在工资和工时上面的想念，他将自己卖与出价最高的人；并且，根据商业的原则做这种买卖，认为他应当拿出尽可能少的劳力，在尽可能短的时期内，换取尽可能多的代价。这种买卖，在本质上是一种娼妓式的买卖；它不可能强加在一代又一代的工人身上而不最后引起他们认识到：除了在生产资料方面争取作主人外，再也没有其他的解放办法，并且这种斗争也只有“打倒”他们现在的主人，才能获得胜利。简单地说，就是阶级斗争的方法。就这样，我们看到在外交方面尾随着资本主义的险恶命运，又在内政方面无情地追随着资本主义了；并且强迫它使它的奴隶们也受到阴谋、斗巧、欺诈、把持和斗争等本能的影响，而使革命变为与战争一样不可避免的东西。这就为在追求利润的动机还没有使社会的合理的及和平的解决办法变为不可能之前，猛力地将这种动机加以放弃和加以诋毁，增加了更多的理由。

七、普遍的破坏行动

我们可以想一想商业化的意义是什么。资本家为了保持物价，毫不犹豫地毁掉大批有用的物资，或者把工厂关闭，听任他的雇工们挨饿。那是明明白白的破坏；而破坏是现在威胁着文明的生存的一种力量。资本主义的报纸，把令人憎恶的名词专用在工人阶级对资本家的破坏所采取的平行的报复行动，是毫无根据的。在攫取更多利润的资本家与攫取更高工资或阻止工资削减的工人之间的追逐战中，一个将矿井关闭以致他的矿工生活无着的煤矿主人，和一个想法使这个关闭的矿井不因缺乏抽水劳动而灌进水来的矿工，并不能表明其中在道德上有何区别。托拉斯削价竞售以击毁弱小的竞争者，直到它能够鲸吞整个行业、操纵公众所付的价格为止的种种阴谋，对于工人也是一种现实的教育：它使他们联合起来，叫那些接受工会所订标准以下的工资的，或订出足以使雇主得到比市价更多利益的工作标准的破坏罢工的工贼走投无路。我们漫画报纸上糊涂的滑稽作者，曾把砌砖工人一天砌两块砖的故事当作题材；他们却忘记了，按照资本主义的原则，一个砌砖工人削减他所砌的砖数，与他的雇主削减工资，同样是巧妙的生意经。在资本主义社会里，浪费的限度，怠工的限度，破坏的限度，简单地说，尽量做坏事的限度，并不是道德的限度：这些都是经济的限度；这种限度是由一种事实所规定的，即，最后的消费者如果不从所付的代价获得某些价值，他就不再去买了，因而雇主和工人双方都要沦于穷困。但是，雇主和工人双方道德的堕落，并不因环境不准许他们把不道德的行为降低到荒唐的程度这个事实而有所减少。它所养成的破坏的习惯，正在以惊人的速度发展着。

生动的例子可以在1914年到1918年的世界大战中找到，那时毫无意义的破坏都被当作是当然地伴随着胜利的侵略而来的；但这却并不是新鲜的事情。专门烧毁经济上的敌人的房屋的特别破坏方式，在14世纪及16世纪的农民革命中已经实行过了，并且以最危险的富于暗示的成功的方式，在法国革命和爱尔兰自由国的建立时期重新使用过。有人告诉我们说，卢德分子暴动这个名称，“是根据勒斯特厦的一个愚笨的人，尼特·卢德而来的，这个人曾因一时的冲动破坏了两部织袜机”。可是1811年的工人、1914年的德国参谋本部、1920年爱尔兰的领袖迈克尔·柯林斯，却不以为尼特·卢德是一个愚笨的人，而以为他是一个值得效法的战略家。我们必须面对这个确定的实际情形，假使从资本主义到社会主义的过渡时期，没有经过人民的统治者明智的准备、计划和指导，那么人民到了忍无可忍的时候，就会求助于破坏行动，借以迫使任何一个政府担负起重新建设的任务；而其中的危险是，这种破坏可能走到了如此的极端，以致重建成为不可能的事。

我们也可以想一想战争为破坏者提供的无可置辩的理由。人们对他们说，商业是不景气的；公共企业是缺乏效率的，贪污腐败的，不可能并且实际上也不赚钱的；他们必须尽量束紧裤带和挨饿，以俟商业的好转。他们的答复是令人惊倒的。他们指出，当政府面临着两种抉择——一种抉择是，从国家的资源里，除拨出极大的经费用毁灭和杀人的武器来装备他们以外，还可以使他们吃得和穿得比他们在这四年之前有生以来的任何时候的吃穿更加好些，并且，还可以余下足够的财政信用以便贷出巨额借款给它的同盟国家；另一种抉择是，让德国的刺刀割断它的咽喉——，它立刻发现，这一切都是极容易和绰绰有余的可能的事。他们便自然地和很有道理地作出结论：假使使用同样钢铁般的动力的话，那么，不言而喻，就有更多的理由认为政府能够给他们吃，给他们穿，给他们住和给他们装备，以从事和平的和富有成果的生产。对于这种说法，议会里合法的工党领袖们除了说，由于这些破坏者没有像德国参谋本部那样的杀人的组织能力，因而这种企图必然要遭到失败以外，绝对无言可答。于是，这种破坏者又被推回去，重作他的零星的无组织的破坏活动：破坏机器，炸毁火车，烧毁宅邸。精神的抗议和善良的愤怒是无用的；假使这种做法是鼓励双方的做法，并且没良心的贸易是现时的风尚的话，那么，资本主义就不要希望寿终正寝；它将死于非命，并且人类的文明也将由于精疲力竭而和它一同死去。

或者可以说，资本主义制度曾经经历过不少更恶劣的时期。但是，它之所以能够这样，正像凯恩斯先生在他的醒人的句子中所说的，是由于它在道德方面欺骗人民的结果。“我只企求指出，”这位剑桥大学的经济学家说，“在不平等基础上的积累原则是世界大战以前我们当时所了解的社会秩序和社会进步的一个极重要部分；我们并且要强调，这种原则的依据，是一些不可能再创造出来的不稳定的心理状态。只有这样少数的人享受安乐生活而同时要人民群众积累了这样巨大的财富，是很不自然的。战争已经揭穿，大家消费是可能的，多数禁欲是无益的。就这样，谎言被揭穿了；劳动阶级也许不再愿意放弃这么多，至于资产阶级的人们，他们既对未来不再那么有把握，也许在他们存在的一天会更加充分地享受他们的消费自由，从而加速他们被没收的时刻。”[1]

现在是认识马克思的极大重要性的时候了。对于他，还有许多无知识的胡言乱语在流传着，可是他的极大的重要性，不是在于他在经济学上和政治学上掀起了一个革命，而是在于他拆穿了资本主义在道德方面的虚伪。在今天，马克思理论上的错误是像摩西的错误一样彰明昭著的；但是，没有一个读过《资本论》里关于历史的各章的人，会再坠入到一种幻想的陷阱，认为资本家在道德方面是值得尊敬的。马克思

[1] 凯恩斯：《和约的经济结果》，1920，第 19 页。

尽管在抽象的经济理论上有他一切的夸大的错误——甚至对社会主义也是不利的错误——却辉煌成功地把资本主义的旗帜突然地反过面来，使它的丑恶的一面面向着观众，并在现代文明的戏剧里，把资产阶级扮演成反派的角色。在我们同苏联政府的交往中，最使我们的外交人员感到糊涂和感到受了诬蔑的是，共产党人认为道德的威望是在他们那一边的断言和无法在他们带着讽刺的迁就态度上——这是他们最接近于国际礼貌的态度——造成任何尊敬我们的印象这个事实。就英国的外交部来说，这好像只是一种冒失。没有任何错误比这种看法还要危险地导人走入歧途。在工人阶级面前，资本家（大陆上现在一般称他为布尔乔亚，即资产阶级）确实是被判定了道德上卑鄙的罪的；并且无论是合法的社会主义者，或是专事破坏的枪手，都对他没有任何尊敬之心，或认为他是社会的台柱的任何信仰。

就这样，阶级斗争已经被认为是一种神圣的斗争了，而这，正如本书所指明的，并不是没有强有力根据的。像我们的资本主义政治家和他们是新闻记者通常所做的一样，认定这些无产阶级的战士们应该知道他们是刑事犯，并且是没有天良的社会强盗的这种说法，只能引导我们对在全世界正在行动中的革命队伍的力量和持久性作最危险的过低的估价。它直接导向着一种不细心思考的和骄傲自大的结论，以为补救的办法，不外是增加警察实力和严格执行刑事法律。这些措施，只能燃起和加剧民众的道德力量：谁也不能控制这种力量。如果民众不相信警察在道德方面是正当组织的话，那么，他们最后就会把警察局烧掉，并且没有人会提供证据来控诉他们。

八、经济信条的大决战

我们最不愿意做的就是充当作惊人之谈的人；因为，如果愤怒是一个坏的顾问的话，惊慌则是一个更坏的军师。不过有一种事实，我们不能视若无睹，这就是，比十年前任何有识见的人所认为不可能的事情还要更坏的东西，由于我们没有将我们过时的制度加以修改使其适应当前的要求和情况，反而听它把人类的耐心弄得紧张到了爆破的程度，现在已经出现了，并且每天仍在出现着。在许多其他国家的情形，比起在英国的情形——到目前为止——还要坏得多。中欧的大块地区，都已回复到资本主义以前的阶段：人口稀少的农业国家，点缀着迅速地使社会瓦解、穷困、疾病和紊乱的工业中心，并且在工业无产阶级和农民间一种破坏性的对立状态也成长起来了；而这些农民现在虽不能控制这种不幸的混乱状态（这是困难的症结），但却掌握着食物的供应，因此掌握着城市无产阶级的命脉。这好像是在俄国的和奥国的情况；并且可能以更具有威胁性的方式出现于德国的情况。我们已经看到，甚至在资本主义生产力最高的时候，它的活动中心的贫民窟尚且是疾病的、损害农村生活的和失业穷人的集中点。假使甚至它们的生产力被毁掉了，则结果一定是和三十年战争后的德国情况一样，饥饿的人群强抢愤怒的农民从而被农民屠杀。这种种的恐怖现在并没有消灭；相反的，我们以"残杀犹太人"〔原文系 Pogrom，指资本主义国家反动的或沙文主义的大残杀暴行。——译者注〕的精神把它们扩大了，不过，由于这是一种经济的现象，基督教徒的亚美尼亚人也和犹太人一样悲惨地受到打击。

为了阻止这种极端的社会灾难，意大利的资产阶级便将自己武装起来，以便用公开的暴力来镇压无产阶级。在过去许多年中，美国的资本家们一直对着工人们的联合组织进行广泛的斗争。在最近出版的许多字典里，法西斯蒂和平克吞（Pinkertons，阿兰·平克吞〔Allan Pinkerton〕于 1850 年在芝加哥创立的侦探组织雇用的侦探，一般用以指私人侦探。——译者注）这一类的字，都被定义为资本主义雇佣兵。这正是在资本家征募军官而发现这个世界充满了青年枪手的时候；这些青年们，别的行业都没有学会，就学会了打手的行业；他们是投掷炸弹和射击枪弹的能手，向来把人命看得很贱，把财产的价值看得不算一回事。

无产阶级和革命的知识分子，为了反抗私人资本主义的私人军队，也考虑着和进行着对资本主义制度的大批的破坏活动，一切情况完全像在爱尔兰联合起来反抗英国统治的共和党人所做的一样，捣毁他们乡村绅士和工业老板的财产，使这些人去强迫英国政府让爱尔兰变为一个自由国，并且由于这些共和党人反对那种解决办法，他们现在仍在继续进行破坏活动，企图强制做到爱尔兰完全脱离对大英联邦共和国的隶属关系。这种破坏活动，也许在这个事件上获得成功，在那一个事件上遭到失败；但无论是哪种事件，它都具有如此的毁坏性，以致对所有有关的方面都可能发生毁灭的反击。这种例子，正危险地迫近我们自己的门口了。在克莱迪、泰因、提斯、塔弗和其他的失业中心，爱尔兰的榜样正在热烈地被人们谈论着。假使造船工人和采煤工人已经作好破坏活动的准备，那么，建筑房屋和工厂的工人以及制造机器的工人，也不见得不把破坏他们本身的工作当作自己的任务而有所犹豫了。

我们不可以拿马克思主义者和崇拜资本主义的教条主义者所说的话来安慰自己，他们认为一切战争都是经济战争，并且经济战争不久就可以熄灭。这种话只有在一种特殊状况下才具有真实性，就是，当人们已有足够过平时习惯的生活的待遇时，很少有人——不足与警察对抗的人数——肯为经济的利益而作斗争。但是，正如我们已经指明的，共产主义是一种宗教，而关于资产的信仰是一种教条。它们中间的冲突，是由道义上的憎恨和对财富的贪心所煽动的；并且双方面的报纸，都在道义的憎恨上大做其文章，而在自私的动机上尽可能少讲。正像经济的理由——这确是大战的真正原因——很难煽动英国人民和德国人民间的互相残杀，而因此必须采用另一种说法使每一方面都认为对方是恶魔不是人类这种情形一样，假使不能说服双方斗争的人，使其深信他们是从事于一种反抗人类的仇敌的正义斗争，则我们就没有理由害怕将会发生任何一种大规模的阶级斗争。这种说服工作，已经在资产阶级的报纸上全面展开了：这是我们都已感觉到了的。我们的统治阶级还没有感觉到的是，同样的说服工作，带着许多可怕的证据正在另一方面展开；并且，这种阶级斗争假使一旦认真地交起锋来，将是一种宗教的战争，而且它的规模，以及它所具有的自我牺牲的精神、残酷性和持久性，就是17世纪的各种宗教战争同它比较起来，也好像仅仅是一些暴动而已。这些斗争的开端，可能是试图对那些抱有特殊的经济见解的人作国际性的排斥。美国已经在排斥那些忠于布尔什维主义的人或简单地宣称自己是这种主义的信徒的人。俄国也在排斥号称百分之百的美国人。这是一种排斥，是破坏活动的一种最富于压迫性的形式。假使这种排斥现象一国一国地传布下去，它就可以形成一种冲突的开端，在这种冲突里，民族主义、旅行和居住的自由、言论自由、民族平等和其他形形色色的战争口号，都可以作为大动刀兵的借口，造成共产主义的和资产阶级的教条之间的大决战——其实，这些教条对于工业秩序方面健康的建设毫不相干，正如自由意志学说和关于必然性的学说对于宗教精神的成长毫不相干一样。

九、道德的问题

就这样，我们得到了一个结论：作为一个国家的工业组织和社会组织主要形式的资本主义统治的失败，现在是必须认识和承认的了。全世界的经验所斥责的不是这个或那个奢靡的行为，或者这个或那个缺点。它所证明的是，金钱利益的牟取是对社会有害甚至对人类活动有危险刺激性的一种东西。亚当·斯密教导全世界人民去投靠的金钱利益的动机本身，就不能够作为安全地鼓舞人类行动的动力。为私人利益而施行的资本主义独裁，经过了整整一个世纪的考验之后，已经不能在遍及全世界的民主主义的审判面前歌颂自己了。而今天的基督教教会也不得不对民主主义表示赞同。1922年约克大主教，在对英国教会大会的演讲里，曾对这种“工业方面的、政治方面及国际方面的信仰、行动和政策的庞大体系……即我们大致称为西方的文明”作出这样的基督教的判断：“它在上一世纪里达到了最高峰。它是为财富和权力的生产而很美妙地设计的。它抱着辉煌的企业精神驱使科学的发明为它服务。它创造了并且满足了成千种关于安乐和便利的新需要。它促成了庞大工业人口的出现。它的‘强者生存’的信仰激发了爱国主义。但是，它的支配着个人、阶级和国家的动机，是非基督精神的自私、竞争、敌对势力的斗争。现在，这些动机已经越过它们自己的限度了。它们正在突破它们自己织造的网罗。的确，这中间的真理，已在世界大战的爆发上和今天欧洲的苦难里，大书特书地写了出来。不过，假使它对于人类是一个福音，而不是一种挫折生机的毒素的话，那么，它的动机就必须予以转化。”[1]

我们认为——正像霍亨索伦王朝及他们的军事顾问的上次的大规模侵略一样——假使上次世界大战的结果是另一种样子的话，它可能是人类最后一次的浩劫。资本主义的失败，对于人类是一件好事。操纵着人民群众生死之权的不负责任的权力的胜利，即使它只是限于“经济”的权力，也会是一种道德上的灾难。对于牟利动机的必要性，尽管人们有那样的看法，也没有一个人敢肯定它是一种高尚的动机或是一种崇高的志气。它肯定地不能指导艺术和美术的生产；它是正义的一种嘲笑；它是友谊的敌人；它不是爱的父母。甚至最热衷的牟利者，也出于本能地反对把这种全能的动机介绍到他自己家庭关系方面去，准许在家庭关系里存在的，恰恰是相反的一套原则。这种“上帝颁布的休战”〔原文“Truce of God”，中世纪教会在某些时期宣布的休战。——译者注〕状态，一般只适用于亲戚间的、私人朋友间的和在某些小的程度上同行间的或社会阶级间的金钱关系。的确，每个职业界的人，都为自己行业的摒弃牟利者的信条而感到骄傲。陆军、海军、医师、牧师、教师、法官、救火队、警察和事实上所有社会上的薪水阶

[1] 在英国教会大会的训词。载《泰晤士报》，1922年10月11日。

级，从来没有把利润的牟取，当作自己业务行为的指导方针。再者，由于一种特殊的不合逻辑的现象，牟取个人利润的动机，至少在英国，从来没有被认为是适用于管理国家事务的人们的原则；那些旨在从公职中牟取自己利润的阁员，殖民地总督，驻外大使，议会议员，市参议员或治安法官，一直是像西门·麦格思（原文Simon Magus是一个魔术师，因他想收买授予圣灵的权力，被彼德〔Peter〕斥责，这故事见圣经“使徒行传”第8章第九节至第24节。——译者注）一样，不只是没有获得公众的拥护，并且遭到公众的蔑视。毫无疑问，相反的趣味也可以养成的。我们还记得一个市侩青年所说的话，他曾经暂时代理过一个热诚的但完全无薪给的郡行政官的秘书，而我们的许多社会组织在很多地方是依靠郡行政官的。他说：他不喜欢“公务工作的这种不健康的气氛，以及它所带来的对于别人的需要的无休止的考虑”。他渴望回到他父亲店里去做结算每周利润这种比较会使他满意的职业。社会主义者，虽然从来不轻视一个完全支持自己和家庭生活的人（事实上，他为每个人要求这种权利），但对于以贪求私利为主要动机这件事情，却感到深切的痛恨；他要求“发财的愿望”不应当再作为我们国家政治的基础，不应当再作为行动的指导方针来教导青年，不应当再当作有助于共和政治的事情来喝彩和予以尊敬。他相信，在文明先进的国家里，人类已经有条件把心肠改换一下，以同志式的感情和公共服务的动机来代替私人金钱利益的和追求财富的动机。他并不因此要求对人类的天性作任何根本的改变。一个真正合作的共和制度的建立对于道德提高方面所要求的，不是要求那些有工业组织才能的人们去做圣人或禁欲主义者，而只是要求他们在工作中有为公共谋利益的精神，在生活上作适可而止的要求，好像我们的科学工作者、大中学校的教师、各类各级公务员大军、各级的市政官员、消费合作运动的行政人员和工会方面的职员等很普通的人一样。并且，这种以公共服务的动机来代替自己发财的动机的转变，将通过把“靠占有权为生”的人看作与潦倒的浪子同样可耻的一种道德革命，来使其深入我们的良心；而且，还要把那些特别有天才的、坚持向社会榨取“他的才能的全部代价”的人，看成为一种卑鄙之徒——与一个非有最高的报酬就拒绝施行手术的外科医师同样地卑鄙。甚至在那些不顾社会福利的人们中间，也会觉悟到，认为游惰和颓废的生活既不健康，又不愉快；认为代替工作的娱乐，大半是商人敛钱的手段；并且认为资产（假使另一种抉择不是穷困和堕落的话）带来的烦恼将使人们难以忍受。无论将来怎样，现在已有充分的证据证明，即使没有一个人能够指望从坚持地讨别人的便宜而发财，世界上必要的任务是将会去做的，必要的发明将会有的，必要的改良将会提出的，必要的责任将会去尽的。由于科学的进步和职业道德的成长，以“稽核效率的法庭”和“职业名誉的法庭”这两个孪生法庭来代替“利润的法庭”的理想，现在已有实行的可能了——的确，如果要我们的文明免于浩劫的话，这种代替实在具有十分的重要性。

但是，即使这一点的证据还不够全面，社会主义者还是要为以同志式的情感来代替斗争、以职业的道德来代替竞争的商业、以根据科学方法而稽核的人口统计来代替金钱利润的测验的任务而作不懈的努力，因为，对他来说，同志式的情感和知识的追求所产生的思想情况，及以同志式的情感为主要的动机的和以科学的方法为公认的方法的社会——无论物质方面是否更加好些——比起人与人的斗争和这种斗争所造成的、国内的和国际的社会仇恨所造成的社会，要好得不知多少。

我们对于资本主义社会文明衰亡的诊断，就在这里告一结束。我们在工人运动和社会主义运动里，虽是三十年以上的积极成员，可是我们以前从来没有对资本主义制度提出过控诉。我们的时间和精力都集中在地方的行政方面、社会组织实况的研究方面，以及代替现有牟利制度的种种措施的设计和宣传方面，希望根据科学的真理，在尽量避免政治的摩擦和尽量顾到“已有的愿望”的原则下，把工业改组为一种民主管理的公共服务事业。我们选择这种途径的理由是，我们无意于没有积极主张的消极反对和没有准备建设的单纯破坏。我们在没有找到实现某一种理想的途径以前，从不敢随便地宣传这种理想。可是在竭尽了我们勘察这个途径的努力，而且目标已经在望的时候，我们也许可以毫无犹豫地或毫无恶意地正告资本主义，在我们这个时代所有花言巧语的煽动者死去和被遗忘的时候，历史将会给它什么样的判断。凡是不怕麻烦而愿意追索我们所深信的将要逐渐取资本主义统治而代之的那种工业和社会制度的兴起和成长的人，可以在我们其他的著作里作这样的探讨，无论是关于地方政府的发展，工联主义的组织及功用，消费合作的运动，工厂立法日益增长的发展和全国最低标准工资政策的实施，或有系统地消灭穷困（与单纯的救济有别）。我们认为，我们有权提议说，那些诬告社会主义者逃避细节和不能为他们的抉择提出切实可行的方案等草率的控诉，对于我们，与对于英国工党和费边社的出版物一样，是不适用的。

但是，我们过去之所以对于资本主义不作任何道德上的裁判，只是由于一种信念；我们以为那些控制国家政府和立法的人们，对于我们大家遭受到的社会病症的严重性以及——同样重要的——占英国人口五分之四的工资劳动者对于这些病症的看法，都有所警觉。在世界大战以前，好像已有相当广泛的意见承认：社会的秩序必须朝着物质收入上和个人自由上更大平等的方向、朝着赚取工资的生产者及全体消费者在参加控制生产财富的工具方面稳步增加的方向，逐渐予以改善。关于这种政治的和工业的民主主义的逐渐发展，已在1914年以前的一代获得了大家赞许的表示：不只是表现在工资劳动者选举权的获得上，上议院绝对否决权的取消上，以及自由结社的权利成功地获得立法的承认上，并且还表现在地方政府的有效的民主化上；地方公营事业的逐渐推广上；工厂和矿场立法的系统化和几乎普遍的推广上；千百万工人的法定的最低工资标准和法定的最高工时标准的树立上；和最后——或许最重要的——通过养老金和教育、卫生和娱乐等公共事业，从国民收入中逐渐划出日益增大的一部分资金来补助儿童们、病弱的人们和老年人们的需要上。我们过去以为——也许是错以为——这一个人数有限的统治阶级，对于那些横被剥夺了享受和控制权利的人们的风起云涌的要求所表示的英国典型的赞许，会心甘情愿地或缓慢地从政治的范围继续推广到工业的范围；并且以为这种趋势的进展虽然缓慢，但至少是不会开倒车的。但是，很明显，世界大战为财富带来的巨大毁坏，战后和平条约的性质所造成的失业给全世界工资劳动者所形成的孤立无援的地位，鼓励了英美的资本家和地主，其中有些竟被从战争中获得的巨大利润刺激得利令智昏，使他们一直根据似是而非的生意经的理由，企图将广大的人民群众赶回到过去半世纪以来已经取得的阵地后面。不只是工资遭到了疯狂的削减，工时有了增加，即使在继续获得超额利润的企业里，也是这样；并且连国民收入中划作卫生和教育这样重要业务用途的比例也被减少，目的是为了减少所得税。在每一个工业区域里，许多家庭麇集在很不卫生的和往往是不适于居住的出租住宅中的拥挤情形，比起沙甫斯柏立勋爵的时候，还要有伤风化。1918 年到 1919 年间内阁阁员对于铁路和矿场国有化的明确诺言，已经被无耻地赖掉了。成绩卓著的工资审议委员会的工作，不但没有根据全国最低工资标准的政策加以扩大，并且连这个最低工资的堡垒，也在暗暗地横被削弱之中，或者它们的权力横被阴损。甚至在酝酿着对人民自由的一种恶毒进攻；我们一方面受着公开为抗拒再次“对劳工让步”而恢复具有效率的第二院的否决权这种倡议的威胁，另一方面又被实际上等于取消工会以多数来决定它们工业活动和政治活动的合法权利这种叫嚣所恫吓。在全国各地，在工厂里，在船坞里和在矿场里，人们都传说着和相信着，这两种措施的目的，是要暗中击毁政治的和工业的民主主义——于是就驱使着工资劳动者以空前壮大的规模从事“直接的行动”。这种反革命，日久之后，对于制造它的人们的危险性，比起它所徒然梦想扭转这种浩浩荡荡的道德潮流的努力的效果，还要大得多；我们深信，这种反革命之所以可能，一部分是由于英国资本主义企业主，对于反抗他继续独裁的情势，没有了解到它的力量，而另一部分则由于无产者的盲目的愤怒，这种愤怒驱使他去用毁灭他的经济敌人和奴役他的机器以图补救，因此双方都没有认识到在两者之间还有一条更好的道路。为了使双方的人士（这可能是白费气力的）认识到他们的问题和促进他们相互间更好的了解——希望老天一定会使它所要毁灭的人顽固到底的这种事情，不致一直是不可避免的现象——我们特贡献这本小书。

中英名辞对照表

三　画

工人结社法　Combination laws

工厂立法　Factory legislation

工厂法　Factory law

工业主义，工业制度　Industrialism

工业方面的强迫征募　Industrial conscription

工业的民主　Industrial democracy

工业的寡头统治　Industrial oligarchy

工业革命　Industrial revolution

工贼（罢工破坏者）　Blackleg

工党　Labor party

工资的自然率　Natural rate of wages

工资劳动者　Wage earner

工资审议委员会　Wage boards

工资奴隶　Wage slavery

工团主义者　Syndicalist

工联主义者　Trade Unionism

土地所有权　Land tenure

义务劳动法　Obligation to work law

大英和平　"Pax Britainica"

口袋里的城市选区　Pocket-borough

四　画

分配股息　Allotment

分配　Distribution

分期付款　Instalments

分路并进　Routed

无产阶级　Proletariat

无产阶级专政　Dictatorship of Proletariat

不列颠联邦共和国　British Commonwealth of Nations

不劳而获者（食利息者）　Rentier

不景气（萧条）　Depression

公用地　Common field

手工业行会　Craft gild

文明生活的资料　Means of civilized life

天然物资　Natural resources

巴黎公社　Paris Commune

五　画

生产　Production

生产过剩　Over production

生产工具　Instruments of production

布尔乔亚　Bourgeoisie

巧妙的罢工、磨洋工（俗称）　Ca' canny

卡特尔　Cartel

平均分配的国家制度　Distribution State

对于人种退化的影响　Dysgentic influence on the race

民主的幼稚病　Democratic infantilism

世袭的阶级　Hereditary class

必然论　"Necessity"

节欲的报酬　Reward of abstinence

出租住宅　Tenement house

失业　Unemployment

六　画

合并　Amalgamation

安立甘教会　Anglican church

亚美尼亚的红色颜料　Armenian red

阶级独裁　Class dictatorship

阶级斗争　Class war

共产主义　Communism
动力　Incentive
自由企业　Free enterprise
自由意志　"Free will"
自耕农　Yeoman cultivator,Peasant cultivator
自由党 Liberal party
自己当家作主的手工业师傅　Master craftsman
自然法　Natural law
全国医学会　General Medical Council
全国最低生活标准　National minimum
刑法　Criminal law
行会组织　Gild organization
过度发展　Hypertrophy
有闲阶级　Leisure class
有产阶级　Propertied class,Proprietary class
牟利者　Profiteer
牟利活动　Profiteering
牟利的资本家　Profit-making capitalist
产品的剩余　Residue of product
托拉斯　Trust

七　画

补贴制度　Allowance system
私人所有权制　Institution of private ownership
私有制　Private ownership
私有财产　Private property
体力劳动　Manual labor
医务法　Medical Act
社会新阶层　Nouvelle couche sociale
把资本额估计过高　Over-capitalization
利润　Profit
抛出　Unloading

八　画

社会主义　Socialism
社会主义运动　Socialism Movement
直接行动　Direct action
股息　Dividends
股份公司　Joint stock enterprise
股份　Shares
法律主义　Legalism
法律救济　Legal redress
法西斯蒂　Fascisti
所得税　Income tax
物质文明　Material civilization
金钱利益　Pecuniary gain
金钱私利　Pecuniary self-interest
和平的侵入　Peaceful penetration
武士（日本的）　Samurai
卖空　Short-selling

九　画

宪章运动　Chartist movement
保守党　Conservative party
保护关税政策　Protection
封建制度　Feudal system
客室　Oeil de baeuf
科学管理　Scientific management
急转转卖　Switching

十　画

特许的国家公司　Chartered national Company

特权阶级　Privileged class

财富的消费　Consumption of wealth

神权　Divine right

浪费　Inefficient consumption

衰退年代　Lean year

配给制　Rationing

破坏行动　Sabotage

十一画

商业企业　Business enterprise

通货膨胀　Inflation

寄生游惰生活　Parasitic idleness

规定的最低生活标准　Prescribed minimum standard of life

贫穷救济法　Poor law

贫穷救济税　Poor rate

贫民窟　Slum

剩余劳动　Surplus labor

剩余价值　Surplus value

十二画

等级制度　Caste system

联合　Consolidation

费边社　Fabian Society

期货（远期）　Futures

期货（近期）　Option

期票　Promissory note

屠杀犹太人的暴动　Pogrom

劳工及社会主义运动　Labor and Socialist Movement

劳动权利法案　Right to work bill

劳动救济院　Work house

最低工资标准法　Minimum wage law

普鲁士蓝　Prussian blue

提去奶油的牛奶　Separated milk

证券　Securities

超级资本家　Super-capitalist

减工　Under-employment

十三画

资产阶级　Bourgeoisie

资本主义　Capitalism

资本主义文明　Capitalist civilization

资本主义教条　Capitalist doctrinarses

资本主义的工业组织　Capitalist organization of industry

资本论　Das Kapital

资本主义社会组织　Capitalist organization of society

资本主义制度　Capitalist system

资本主义牟利者的独裁　Dictatorship of capi-talist profit-maker

资本主义企业的自由　Freedom of capitalist enterprise

铁质土　Ferruginous earth

十四画

酸性硫酸汞　Bisulphuret of Mercury of cinabar

疯人院　le Bicertre

铬酸铅　Chromate of lead

铬酸钾　Chromate of potash

领地　Manor

豪富阶级　Plutocracy

十五画

调配者　Co-ordinator

调度资产　Marshaling the assets

德国参谋本部　German General Staff

十六画

霍亨索伦王朝　Hohenzollern

遗产　Inheritance

操纵市场　Rigging

十七画

韩辑议会实录　Hansard

薪水阶级　Salariat

十九画

藩主（日本的）　Daimio

垄断　Monopoly

垄断集团　Ring

图书在版编目(CIP)数据

资本主义文明的衰亡/(英)锡德尼·维伯
(Sidney Webb),(英)比阿特里斯·维伯
(Beatrice Webb)著;秋水译著.—2版.—上海:
上海人民出版社,2017
书名原文:The Decay of Capitalist Civilization
ISBN 978-7-208-14944-1

Ⅰ.①资… Ⅱ.①锡… ②比… ③秋… Ⅲ.①资本主
义制度-研究 Ⅳ.①D033.3

中国版本图书馆CIP数据核字(2017)第306089号

责任编辑 罗俊华
装帧设计 晓阳工作室

资本主义文明的衰亡
[英]锡德尼·维伯 比阿特里斯·维伯 著
秋 水 译

出 版 上海人民出版社
(200001 上海福建中路193号)
发 行 上海人民出版社发行中心
印 刷 上海商务联西印刷有限公司
开 本 635×965 1/16
印 张 9.75
插 页 4
字 数 131,000
版 次 2018年3月第2版
印 次 2018年3月第1次印刷
ISBN 978-7-208-14944-1/D·3151
定 价 38.00元

The Decay of Capitalist Civilization
Sidney Webb Beatrice Webb
Harcourt Brace, New York, NY, 1923.